婚姻经营之道

20年婚姻家庭问题咨询个案手记

曾丽华　张廷彩◎著

THE WAY OF MARRIAGE MANAGEMENT

中华工商联合出版社

图书在版编目(CIP)数据

婚姻经营之道：20年婚姻家庭问题咨询个案手记 / 曾丽华, 张廷彩著. -- 北京：中华工商联合出版社, 2023.11
ISBN 978-7-5158-3815-1
Ⅰ.①婚… Ⅱ.①曾… ②张… Ⅲ.①婚姻问题-心理咨询-案例 Ⅳ.①C913.13

中国国家版本馆CIP数据核字(2023)第 225719 号

婚姻经营之道：20年婚姻家庭问题咨询个案手记

作　　者：	曾丽华　张廷彩
出 品 人：	刘　刚
责任编辑：	胡小英　楼燕青
装帧设计：	金　刚
排版设计：	水京方设计
责任审读：	付德华
责任印制：	陈德松
出版发行：	中华工商联合出版社有限责任公司
印　　刷：	文畅阁印刷有限公司
版　　次：	2024 年 1 月第 1 版
印　　次：	2024 年 1 月第 1 次印刷
开　　本：	710mm×1020mm　1/16
字　　数：	180 千字
印　　张：	13
书　　号：	ISBN 978-7-5158-3815-1
定　　价：	59.00 元

服务热线：010－58301130－0（前台）
销售热线：010－58302977（网店部）
　　　　　010－58302166（门店部）
　　　　　010－58302837（馆配部、新媒体部）
　　　　　010－58302813（团购部）
地址邮编：北京市西城区西环广场 A 座
　　　　　19－20 层，100044
http://www.chgslcbs.cn
投稿热线：010－58302907（总编室）
投稿邮箱：1621239583@qq.com

工商联版图书
版权所有　侵权必究

凡本社图书出现印装质量问题，请与印务部联系。
联系电话：010－58302915

Preface | 序

婚姻是一场自我修行

本书作者曾丽华从2010年开始在妇联妇女维权站和婚姻登记处等地开展婚姻咨询和调解工作，2013年在韶关大学教育学院开设了"婚恋心理指导课"，并撰写了《大学生婚恋心理指导》一书。因工作的关系，她常常思考：为什么两个人明明还相爱，到最后却要分开？为什么女性更容易在爱情和婚姻中迷失自我，不懂得爱自己，最后成为爱情和婚姻的受害者？

曾丽华在婚姻存续期间，也遭遇了情感挫折，也曾有过自杀的念头，她离婚、再婚，最终从痛苦的婚姻中走了出来，如今过上了令人羡慕的生活。她的女儿大学毕业后，与高中同学结婚生子，也过得非常幸福。正是因为这段特殊的生活经历，让曾丽华对于离婚、再婚、再婚家庭教育等方面有了更深刻的感悟，此后她在妇联和婚姻登记处从事婚姻咨询工作，接触到大量离婚调解的个案，并帮助很多婚姻成功地走向和谐幸福，即使有的人还是选择了离婚，但也能做到友好相处。

婚姻真的是爱情的坟墓吗？独身真的幸福吗？一些媒体或者主播不负责任的宣传，让现在的年轻人恐婚恐育。虽然一些过时的观念需要被打破，但人害怕孤独，婚姻经营有规律可循，离婚、再婚也可以找到幸福。只是我们需要找到恰当的方法来正确处理婚姻中的矛盾和危机，用心学习经营婚姻的方法，那么我们都可以收获幸福的婚姻。

本书通过剖析婚姻中存在的困境，给出走出困境的方法和策略，并分享了经营婚姻的智慧。

当然，如果遇到不合适的爱情或婚姻，也需要及时止损。面临分手或离婚之痛，面对再婚家庭的复杂关系，面对家庭暴力等问题，我们应该如何处理和解决其中的困惑？本书也提出了相应的解决方法和思路。

为了避免对求助者造成困扰，作者对他们的信息以及个案的故事都做了必要的处理。这些个案的发表均征得了求助者的书面同意。感恩求助者的信任，感谢他们的无私奉献！

一个人要想活出最好的人生，那么自我疗愈和自我成长将是他们需要终身学习的功课！因为无论怎样求助心理咨询师、心理医生、心理治疗师，最终都需要自助，因为自己才是最好的心理治疗师！

通过阅读本书，我们可以从这些真实的案例中，学习经营婚姻的智慧，从而疗愈婚姻之痛。这本书让我们知道爱情可以如此美好，婚姻可以如此幸福！

曾丽华长期从事婚姻咨询和家庭教育工作，张廷彩有着30多年经营幸福婚姻和调解家庭矛盾的经验,对经营婚姻和教育孩子有着丰富的经验。本书分上、中、下篇,"经营婚姻之道"由张廷彩撰写;"疗愈婚姻之伤"和"走出原生家庭之伤"由曾丽华撰写。

Contents | 目录

上篇 经营婚姻之道

第一章　婚姻的规律 / 003
第一节　夫妻相处的原则 / 005
第二节　婚姻的真相 / 011
第三节　了解男女的差异 / 017

第二章　经营婚姻的智慧 / 021
第一节　夫妻沟通之道 / 022
第二节　培养爱的能力 / 028
第三节　婚姻需要珍惜 / 032
第四节　享受夫妻生活 / 038
第五节　家务分工合作 / 042
第六节　处理婆媳关系 / 047

第三章　家庭经济的管理 / 053
第一节　爱情和面包 / 056
第二节　婚后谁管钱 / 061
第三节　提升财商 / 068
第四节　钱不是婚姻的所有 / 073

中篇 疗愈婚姻之痛

第四章　正确对待家庭暴力 / 079
第一节　学习法律知识 / 081
第二节　家暴零容忍 / 083

第五章　当婚姻有了瑕疵 / 087
第一节　处理外遇的原则 / 090
第二节　理智对待外遇 / 092

第六章　正确处理离婚 / 097
第一节　不要草率离婚 / 099
第二节　离婚需要智慧 / 103
第三节　离婚后的心理调适 / 107
第四节　单亲家庭的教育 / 113

第七章　再婚的勇气 / 129
第一节　再婚之路不平坦 / 130
第二节　再婚经营之道 / 137
第三节　再婚家庭的教育 / 144

下篇 走出原生家庭之伤

案例1 梦想都是奋斗出来的 / 156

案例2 活着才能见证美好未来 / 160

案例3 责任让我不能放弃 / 163

案例4 自我救赎 / 166

案例5 读书改变命运 / 170

案例6 未来充满希望 / 174

案例7 爱自己才有能力爱他人 / 177

案例8 我命由我不由天 / 181

案例9 做个经济独立的女性 / 187

案例10 我要与命运抗争 / 191

参考文献 / 195

上篇

经营婚姻之道

完美的爱情是指两个有缺点的人互相包容，经营爱需要技巧，需要克服彼此的差异和误解，需要双方共同用心经营，爱就是让彼此舒服。

人生短暂，当我们明白婚姻需要用心经营，需要彼此珍惜，需要共同经营、付出，需要赞美、欣赏对方，认可对方对家庭的贡献，感恩对方的陪伴和支持，我们才能享受婚姻的幸福和美好。

长期从事婚恋咨询，也在大学开设《婚恋心理指导课》多年，咨询婚恋个案上千宗。我接触到大量痛并快乐着的人。为什么爱会让人痛呢？爱情是美好的，为什么我们不能让对方舒服、快乐呢？

　　有些人在婚姻中只讲对错原则，却不知道结婚更多的是满足生存需要。因为恐惧孤独，我们需要人陪伴，那么，就不要在婚姻中添加过多物质的欲望，只有彼此心理平衡，婚姻才能轻松和愉快。

　　人生很短，婚姻不可能像爱情泡沫剧那样浪漫。家庭中的经济、家务、票子、车子、房子、孩子、婆媳关系等难解之谜，掺杂在我们的婚姻中，如果不懂经营，不会妥协，不善于求同存异，不能平等地对待对方，那么，婚姻就会因三观不合、性格不匹配而走到尽头。

　　为什么不把人生过成喜剧，为什么一定要互相折磨，只渴望对方改变来满足自己的需要而把人生过成悲剧？如果我们了解人性，了解婚姻的真相，让彼此都以舒服的方式生活，那么婚姻会减少很多争吵和矛盾，婚姻会成为你人生的加油站。

　　试想一下，当我们终于掌握经营婚姻的方法和智慧时，却发现我们已经老了。吵了一辈子吵不动了；折磨了一生却发现属于我们的时间不多了；配偶离开后，我们才开始后悔和内疚，人生留下了诸多遗憾！

　　为什么不善待对方？为什么苛求对方？甚至以爱之名控制、威胁对方，不让对方离开无爱无性的婚姻？除了爱情还有亲情，还有事业，还有值得我们追求的梦想，为什么不过好自己的人生呢？

　　掌握经营婚姻之道，我们才知道爱情如此美好，婚姻如此幸福！只要我们用心经营，婚姻可以让人生变得更加美好！

第一章

婚姻的规律

凡事都有规律可循，凡事都有度、有底线。婚姻也一样，在法律、伦理、道德的允许下，符合人性、尊重对方，让彼此都舒服，那是爱的最高境界。只要我们了解婚姻的真相，遵循经营婚姻的规律，我们就不会因此而痛苦和悲伤，更不会为了情执、情痴而强行占有和控制对方，不愿意给予对方适度的自由和空间。

婚姻虽然不是人生的全部，但它却是人生中很重要的一部分。王海鸰认为婚姻对于某些女人来说："我拼尽全身的力气握紧这双手，仍无法阻止沙子一粒粒地从指缝间滑走，反反复复，我始终握不住手中的一粒沙。"婚姻就是这样，握得越紧，失去得越多。既然爱情不会永恒，那么维持婚姻需要双方共同的努力和经营。

第一节 夫妻相处的原则

一、为什么婚姻需要经营？

（一）人是观念性动物，需要学习经营婚姻的观念

人是观念性动物，有什么样的观念就有什么样的态度，所以，婚姻需要学习一些正确合理的观念。每个人都需要学习经营婚姻。

人生有两件大事：成家和立业。现代人普遍认为事业很重要，对立业感兴趣，其实婚姻也很重要，家庭是人生幸福的根本，是一个人没有后顾之忧的必要基础。

怎样去经营婚姻？虽然没有统一的模式和标准，但还是有规律可循，因此需要我们用心学习。

（二）学会用理智经营婚姻

婚姻有五大价值：经济合作、资源共享、性的满足、情绪价值、抚育孩子。因此，当婚姻出现矛盾时，我们需要理性思考：婚姻可以给我们提供哪些价值,我们最在乎的是什么?而不是轻率地采取离婚的方式来处理婚姻矛盾。现代社会,有些人过度看重经济价值,过度物质化导致对于婚姻提供的其他价值不太重视。在婚姻中,往往越是缺什么就越渴望什么,因此,当一方在外拼搏给予家庭物质满足却无法提供必要的情感价值时,另一方可能就会出现婚内不足婚外补充的行为。因为恋爱时,我们通常只会看到对方的优点;但结婚后,因为彼此之间没有了距离,会产生一些问题或发现对方的一些缺点,这时更需要我们接纳和包容彼此。婚姻关系的经营,需要理智地对待婚姻中的矛盾,慎重思考我们最在意的婚姻价值,智慧处理婚姻中的矛盾。

(三)婚姻和谐能促进自我成长和事业发展

对于多数人来说,男人离不开女人,女人也离不开男人。婚姻幸福的男女更能静下心来奔事业,婚姻和谐才能促进个人成长和事业发展!

我们要设法让婚姻产生 $1+1>2$ 的效果,可现在很多的婚姻却是 $1+1<2$。婚姻内耗过多,对双方的事业和生活都会有很大的影响。很多年轻人往往很重视事业,却不善于经营婚姻,也不愿意在婚姻方面花太多时间和精力。殊不知,和谐稳定的婚姻,一定会助力一个人的事业。

二、夫妻相处的原则

夫妻关系不融洽,很多是丈夫或妻子过于以自我为中心引起的。他们认为,既然是夫妻了,就可以无所顾忌、为所欲为。虽然夫妻之间不分你我,是最亲密的人,但也要注意一定的分寸。也就是说,夫妻之间一样要讲究人际交往的基本原则,因为这对于维持和谐的夫妻关系非常重要。

(一)平等原则

平等是人际交往的前提。每个人都有独立的人格,人与人之间的关系是平等的，不能因为出身、家庭、经济收入和长相等差异而对人另眼相看。夫妻之间是平等的，因此，任何一方都不能只看到自己的优点而盛气凌人，也不必因为自身的弱点而盲目自卑。

（二）尊重原则

希望被人尊重是每个人内心的需要。每个人都有较强的自尊心，因此要注意尊重的原则，不损害他人的人格和名誉，尊重他人的生活习惯、爱好和隐私，不因经济状况的差异、地位高低而歧视他人。夫妻之间互相尊重是人格平等最基本的要求，因此，夫妻之间即使吵架也不能说一些侮辱人的话。即使婚前对方可能有过错，也不能对对方进行人身攻击或侮辱。

（三）真诚原则

心理学家认为，在研究人际交往中最重要的品质是真诚。表里如一、坦诚直率、言行一致、信守诺言的人才能赢得他人的喜爱。夫妻之间需要尊重各自的生活空间和隐私，不要互相欺骗和隐瞒，更不要信口开河，随意承诺。轻率承诺又不兑现，最终会失去对方的信任和尊重。

（四）包容原则

世界上没有两片完全相同的树叶，更没有两个完全相同的人。每个人都有自己的个性、优点和缺点。只有以包容的态度对待他人的错误和缺点，不斤斤计较，才能形成良好的人际关系。

婚姻更是如此。婚姻最终能相扶到老，最重要的原因也是包容。因为夫妻二人成长的环境不同，接受的教育和为人处世、待人接物的方式等也存在很大差异，此时，如果双方无法接纳彼此的不同，不想包容，他们的婚姻就会变得岌岌可危。如果两个人在各方面比较接近，尤其在世界观、人生观和价值观上比较一致，有共同追求的目标和方向，双方就更容易彼此协调，磨合得也会更好，矛盾和冲突也会变得更少，婚姻也会更幸福。

所以，如果婚姻中彼此有差异，我们要学会求同存异，互相包容。

（五）互助互利原则

互相帮助是人们的一种心理需要。人际关系是以能否满足交往双方的需要为基础的。如果交往双方的心理需要都能获得满足，其关系就会继续发展；如果只想获取，不想给予，那么人际交往就无法维持下去。夫妻也一样，如果只是一个人一味地付出，而另一个人一味地索取，那么这段婚姻最终是很难维持下去的。

夫妻之间的互相帮助不是指简单的物质上的帮助，更重要的是感情上的交流、精神上的慰藉，以及对痛苦的分担。这种精神上的互助对人而言更为重要。

互利是指人际交往中彼此都能从对方那里得到一定的利益和好处，互相满足各自的需要。它是人格平等关系上的互利。人际交往是一个社会交换的过程，人们之间的所有活动都是交换，是一种准经济交易。交换关系中的每个个体都会评估自己和他人在付出与受益两个方面的相对大小。如果觉得付出与回报大致相等，他们就会认为这种社会关系是公平的，而这种公平的关系是比较稳定和愉快的。如果关系中存在不公平时，双方可能会感到不舒服、不愉快。

结婚的目的是希望两个人一起生活比一个人单独生活得更快乐、更满足。因此，互惠互利是婚姻中一个比较重要的原则。无论是丈夫还是妻子，如果只想索取而不愿付出，那么婚姻一定会出现不可调和的矛盾，最终将导致婚姻关系的破裂。所以，无论是丈夫还是妻子都应尽量往"婚姻银行"里存钱，而不是从"婚姻银行"里不断取钱甚至透支，最终导致婚姻亮起红灯，甚至解体。

（六）亲密有间的原则

距离产生美，所以夫妻双方要保持适当的距离。一个刚结婚的同事妻子周末去参加高中同学聚会。我们开玩笑说："新婚老婆和同学一起玩，您不担心吗？"同事笑着说："给她自由，就是给我自由呀。"有些人认为夫妻应该互相坦诚，所以手机等通信工具对方可以随时翻看，甚至连对方过去谈过几次恋爱都必须如实相告，这不仅让对方没有秘密和空间，更不利于夫妻关系的和谐。每个人都渴望自由，即使是夫妻，也需要尊重对方，允许对方有一定的自由空间和时间。因为，亲密无间的爱只会让人窒息。

（七）角色互换原则

在实际生活中，我们总喜欢从自己的角度来看待别人，这往往带有片面性。因此，我们要学会站在对方的角度看问题，学会设身处地替他人着想，将心比心，就能通情达理地理解和原谅对方的行为和态度，而不是一味地站在自己的角度看问题。通过角色互换，学会以客观的方式对待别人。婚姻出现矛盾和摩擦时，要学会换一个角度看问题，学会站在对方的立场和角度，将心比心，尝试去理解对方，而不要一味地从自己的角度出发，钻牛角尖，这样做的话只会激化矛盾。

（八）独立性原则

无论在什么场合，都要注意保持人格的独立。现代社会，人格的独立往往和经济独立相联系。如果婚姻中的一方没有工作，没有收入来源，是很难拥有真正的独立人格的。即使妻子一味地顺从丈夫，也不一定能得到丈夫的尊重和爱。

（九）夫妻少吵架的七原则

夫妻关系越亲密，彼此越关心，就越容易吵架，因为爱之深，责之切。但是，我们要注意以下七个原则。

一是吵架可以，但不能一吵架就提离婚。夫妻之间要有一个约定，那就是不要轻言离婚。

二是控制和管理情绪。吵架的时候，很多人是控制不住情绪的，难听的话就会脱口而出，有时就会伤到对方。所以，夫妻之间一定要注意控制和管理好自己的情绪，以免口无遮拦伤及夫妻感情。

三是家不是讲道理的地方，而是培养亲情的地方。不要凡事都争输赢。即使吵架赢了，输了感情，最终你还是输了。

四是吵架不要翻旧账。以前吵过的事不要再拿出来吵，不要纠结过去，尤其不要追究妻子或丈夫婚前的事。人最重要的是活在当下，而不是活在过去。

五是主动认错。主动认错的人往往是爱得更多的人，更愿意为维持婚姻做出努力。

六是吵架不能口出恶言，更不能责骂对方的家庭。我们不能指责或批评对方的家长，议论对方的家人。这不仅是个人的修养问题，而且是维护家庭和谐的策略，因为我们没有资格去批评或指责对方家庭中的人和事。

七是多原谅，少责备。生气时要先调整自己，如果调整不好最好不要说话。

两个没有血缘关系的人要生活在一起，最终走完一辈子，如果不掌握一定的交往原则，是无法维持彼此的关系的。当然，人际交往的原则也不是一成不变的，任何原则都只是我们行动的参考，帮助我们懂得交往中的基本规律，减少行动中的盲目性。

维持良好的夫妻关系，将婚姻进行到底，是有章可循的，但又有一定的灵活性。我们要根据人际关系的原则，变通到夫妻关系中去，从而为建立美满幸福的婚姻打下良好的基础。

第二节　婚姻的真相

琼·桑德丝在《幸福健康的家庭》里说，家庭是一所爱的学校。很多重要的价值观念如互相尊重、平等待人、关心他人、宽容忍让等，都是从家庭中学习而来。如果不把家庭当作爱的学校，而是虐待或排斥孩子，孩子的心灵就会扭曲，心智就会出现障碍。如果把家庭当成爱的学校，孩子会在家庭中学会爱父母、爱同伴，成家后爱配偶、爱孩子。因为家是传递爱的纽带。

但婚姻不仅仅有爱，婚姻还会经历高峰和低谷、健康与疾病、年轻与衰老、富足和贫穷，因此维系婚姻不能仅依靠爱情，还需要有责任和包容。

现代社会发展的趋势正在向婚姻施以巨大的压力，并且破坏着长期的婚姻关系。这些趋势使得人们婚后的情感和社会关系变得更为复杂。我们无法预测我们所选择的伴侣是否能满足长期婚姻的要求，各种因素导致的婚姻不幸往往使得人们更愿意做出离婚的决定，而不愿意改变自己或者改善彼此间的关系。

那么，还有哪些是我们不知道的婚姻真相呢？为什么我们带着美好的爱情和愿望走进婚姻，最后却发现在婚姻中，我们痛苦失望，甚至伤痕累累？

为什么会存在婚姻疾病？如何提前预防婚姻疾病？如果了解到婚姻的真相远不如我们所期待的那么美好，也许我们就会适度降低对美满婚姻的期待，从而减少婚姻中的冲突和矛盾，减轻烦恼和痛苦，懂得如何去维持一段长期的感情，构建和谐的婚姻生活。

一、婚恋发展有规律可循

婚恋心理学就是研究个体恋爱、结婚、婚后、离婚、再婚等过程中人的心理现象及其发生发展规律，以及运用心理学的原理和方法解决婚恋活动中有关行为问题的科学，主要分为恋爱心理学和婚姻心理学。

因此，恋爱和婚姻问题都是有规律可循的。如果我们了解并遵循这些规律，对婚姻抱有现实的看法，丢掉不切实际的幻想，运用这些已知的规律，就能处理好婚姻生活中的矛盾和挫折。只要有坚定的信念，我们要一直走下去，对问题不逃避，不以离婚的方式解决问题，那么多数情况下，婚姻会有一个好的结局。

二、优秀的伴侣更容易让人喜欢

优秀的男人和女人有时很难专属于一个人，他们会变成大众情人。因为大家都有追求美好的愿望，好东西大家都想要，更何况是优秀的人呢？所以，现实生活中才会出现出轨等问题，因为优秀的伴侣往往更让人喜欢。

三、婚姻之爱是有条件的，成功的婚姻只有爱是不够的

晓晓因为男友在她生日的前几天向她提出分手而走进我的咨询室。她说，她和男友从高三开始谈恋爱，后来考上了不同的大学，相距甚远，虽然知道分手是必然的，但她没想到这么快。她和男友在电话里吵架后，生气地将男友的QQ号拉黑，而男友也立即将她的QQ号拉黑。随后，她向男友认错，承认自己太任性了，可男友却真的提出了分手，说她一发火就口无遮拦地骂他，他不想再受伤了。虽然此后她多次希望男友原谅她的任性，不要分手，但男友态度坚决。晓晓说他们恋爱一年多了，男友非常宠她，无论她怎样打骂男友，最终都是男友道歉、认错，然后把她哄好。

正是男友的一再迁就和忍让让她误以为自己可以无理取闹，以为男友就是无条件地爱她、宠她、让着她。但这一次男友的决绝让她明白，他是真的要和自己分手了。

我告诉晓晓，没人会无条件地爱一个人。如果不明白这个道理，一味地由着自己任性、无理取闹，甚至用恶毒的语言刺激或侮辱对方，那么对方一定会离开的。

每一个将要经历爱情或正在经历爱情的人一定要明白，所有的爱都是互惠互利的。如果女孩错误地以为当男人爱你就应该是无条件的，甚至以伤害男人的自尊为代价，那么这种爱注定是一场悲剧。

因此，希望年轻的男女要学会经营爱情，不要指望有人会无条件地爱你一辈子！

恋爱如此，夫妻之间的爱一定也是有条件的，付出和回报要平衡，因为婚姻是合作关系。很多深陷痛苦的夫妻感叹：为什么我们明明相爱，到最后却要分开？那些读过的童话故事，从此王子和公主幸福地生活一辈子，或是浪漫的爱情泡沫剧以为结婚后只要有爱情就可以解决婚姻中的所有问题。事实上，仅有爱情无法避免婚姻矛盾，也不能解决婚姻问题。唯有婚后用心经营和呵护才能维持婚姻的长久。

四、小改变也可以产生大效果

很多人在婚姻濒临破裂时都期待对方能先做出改变。他们认为只有对方改变了，婚姻才可能发生改变。这种错误的想法导致人们不愿意为挽救婚姻做出努力。事实上，只要其中一方能做出一个小的改变，就可以极大地改善婚姻。所以，我们应先从自己主动改变开始。

五、每个人都带着原生家庭的痕迹

结婚后，我们都希望不要犯原生家庭父母所犯的错，但很多时候，我们却不可避免地会受到原生家庭的生活和教育模式的影响，不知不觉地模仿他们的婚姻相处模式及养育子女的方式。在面对婚姻矛盾时，我们需要反省自己，是否有原生家庭带给我们的不良影响，从而主动进行调整。

梅姐母亲早年病故。父亲再婚后，家里经常因为经济困难而吵架。梅姐发誓婚后不要像继母一样在家里大声训斥丈夫和孩子。然而，婚后多年，梅姐惊讶地发现，自己越来越像继母，经常教训丈夫和儿子。梅姐说，她做孩子时那么不喜欢继母的教育方式，没想到结婚后，自己和继母一样，原来原生家庭对她有这么大的影响。

六、夫妻不可能绝对平等

原则上夫妻双方是平等的，但婚姻生活中不可能实现绝对的平等。在家庭生活中，总存在一个人爱得多一点，一个人爱得少一点。凡事少计较，多宽容，多体谅，相互迁就，相互妥协，这样的婚姻才会幸福美满。

七、婚内性生活不和谐

从相恋到结婚再到生子，生活的琐事、工作的劳累、照料孩子的辛苦，总会让人精疲力竭和疲于应付，于是性生活和谐有时会成为婚姻生活中的奢侈品。然而，性生活是夫妻生活中很重要的一个环节。它对于夫妻而言，是一个重要的情感交流方式。如果性生活不和谐，就会影响双方的感情，更有可能导致家庭关系的破裂。

八、自我意识强的人渴望独立、自由的婚姻

传统的婚姻给人们的约束很大，幸福的婚姻应该是一种积极的肯定，愿意和另一个人共同成长，增进感情，所以，它应该是独立的、自由的，而不是封闭的、受限制的。

传统的封闭婚姻是排外和占有，只懂得依赖且漠视自我的爱，要求对方放弃很多属于自己的东西，否定自己的个人成长和自由，认为彼此就是对方的全部，每天努力满足对方而失去了自我。

独立、自由婚姻的意义是，一男一女结合而成，但各自不失其本性，各有自己生存的意义而和对方共同生活。

就目前而言，更多的家庭是介于传统封闭的婚姻和开放的婚姻之间，

允许适度的对外独立和自由，也不会是完全重合互相干涉和纠缠。

九、当爱情转变成亲情，婚姻才更加稳定

有人说摸着老婆的手，就像左手摸右手，一点感觉都没有，但左手离不开右手。当爱情变成亲情，我们虽然没有了那份激情，却无法割舍，因为亲情是我们一生的牵挂和思念！

婚姻能坚持到最后是因为亲情和习惯，绝不仅仅只是因为爱情。爱情很短暂，但亲情却是永恒的。

十、拥有一个真实而非完美的婚姻

这个世界上不存在完美婚姻，任何婚姻或多或少都会有瑕疵、不满和失望。人无完人，伴侣不可能满足你的所有期望。美满的婚姻需要接受婚姻中的部分不完美，因为这才是真实的婚姻。漫长的婚姻生活会遇到各种各样的状况、问题、困难、挫折，但最终因为我们彼此珍惜，互相宽容和接纳，最终我们幸福地执子之手，与子偕老。

第三节　了解男女的差异

男女冲突来自误解，而误解大多来自差异。冲突减少的条件：沟通、理解、尊重、爱和自由。男女差异主要有：追求的差异、生理的差异、语言表达的差异、需求的差异等。

约翰·格雷博士的《男人来自火星，女人来自金星》这套书详细地介绍了男女的差异。在这套书中介绍了不论男女有多少差异、各自有哪些缺点，而婚姻经营的秘籍就是了解男女差异后，做到求同存异，就可以和谐相处和幸福地生活！

男女来自不同的星球，说不同的语言，需要不同的养分。因此，我们需要了解男女的差异，不要试图改变对方，不要越俎代庖，而是需要在沟通和交流上多下功夫，尊重和包容彼此的差异，接纳对方的一切，创造性地解决问题，这样才能在婚姻生活中求同存异，友好相处！

有人把普通人的婚姻分为三等：上品、中品、下品。上品的婚姻就是两个人的心中都充满着爱，会为对方改变自己；中品的婚姻就是两人心中尚存有爱，因此会相互迁就和忍耐；下品的婚姻就是两个人已经没有爱了，既不愿改变也不愿忍耐。幸福的婚姻不是没有问题的婚姻，幸福的婚姻是善于解决问题的婚姻！

因此，我们需要在了解男女差异的情况下，尝试在了解对方需求的情况下，接纳、包容、理解和满足对方，优先改变自己，那么，婚姻才可能和谐。

一、追求的差异

男人在婚姻中需要获得女人的尊重。男人借着事业的成就和能力来建立自尊心，怕自己无能、事业上失败、事情做不好、怕被批评、怕被羞辱；在乎被无条件接纳；重视上下级关系；喜欢帮人解决问题；碰到压力的时候，喜欢自己独处，需要自由空间，自己慢慢减压。

女人希望在婚姻中获得爱，女人对"有意义的爱的连接"非常重视；怕落单，怕被抛弃，怕失去亲爱的人和拥有的房子、家庭，怕被忽略、怕失去关系；在乎在所爱的人心中的地位，重视平等关系；需要了解和倾听，特别是碰到压力的时候，喜欢找人谈谈。

二、生理导致的差异

男女生理差异显而易见。多数情况下，男人强壮，女人柔弱。体力活更适合男性，精细活更适合女性。在生活中，即使说同样一句话，男人和女人对一件事的反应很多时候是不一样的，同一句话背后的意思也是不一样的。比如：女人说"我没有衣服穿了"，大概率表达的是"我没有新的衣服穿了，我需要去买衣服了"；而男人说"我没有衣服穿了"，大部分的时候表达的是"我没有干净的衣服可以穿了，该洗衣服了"。

三、爱的语言差异

《爱的五种语言》是美国人盖瑞·查普曼所写，该书介绍了如何处理与朋友、邻居、配偶、小孩、同事，甚至所有的人际关系。五种语言为精心的时刻、精心的礼物、服务的行动、身体的接触和肯定的语言。男人女人对爱的语言的理解是有差异的。因此，伴侣需要了解对方成长的历史，互相多沟通才能了解对方渴望的爱的语言。

四、语言表达的差异

台湾大学认知神经学科学研究所所长洪兰教授在TED演讲《男女大脑思维的巨大差异》中说到女人平均每天要讲2万多个字，男人平均每天要讲7 000字。因此，女人天生爱说话。相比其他阶段，婚姻中的女人通常会变得更爱唠叨。

面对女性的爱唠叨，男性需要了解女性唠叨背后的需求。首先需要做的是理解和接纳。感情流动的第一要素是需要交流，才懂得对方要什么。而女性喜欢通过语言表达各种情绪和需求，因此男性需要读懂女性在唠叨背后的期望和需要，如渴望关注，通过唠叨希望得到陪伴、增强亲密感。也有通过唠叨表达爱意和关心，比如叫你少喝酒、开车注意安全等。

五、男女需求的差异

女人需要感同身受，渴望对方有一双倾听的耳朵，但男人误以为女人需要他帮忙解决问题，因此一味地给对方出主意或提建议，结果导致女人越来越生气。

晓丽是心理咨询师，因为长期倾听求助者的故事，所以特别渴望丈夫的陪伴和倾听。每次，晓丽和丈夫说她的一些烦恼或者大家庭的事务时，丈夫总是会立即告诉晓丽这件事应该怎样处理。但晓丽需要的并不是丈夫的建议和说教，而是一个安静的听众。当晓丽再一次和丈夫讲起她的烦恼时，丈夫又习惯性地告诉她该如何处理这件事。晓丽生气地说："你能不能耐心听我说完，我不需要你的建议。我知道该怎么做，我就是想说说话，你耐心听就好了。"

通常，男人需的是女人的认可和接纳，甚至是欣赏和仰视；女人需要的是男人的爱和倾听。

每个家庭、每对夫妻都是不同的，没有千篇一律适合所有人的一条婚姻法则。如果我们希望维系长久的婚姻关系，必须了解彼此的差异，求同存异，接纳和尊重彼此，婚姻才能奏出和谐之曲！

第二章

经营婚姻的智慧

很多人都希望自己的爱情是轰轰烈烈、刻骨铭心的,自己的婚姻是甜蜜幸福、浪漫而充满惊喜的。然而,爱情可以轰轰烈烈,但婚姻却是柴米油盐。

要想让婚姻生活幸福长久,就要懂得经营婚姻的智慧,相互之间要能彼此珍惜、欣赏,要有真诚的付出和投入。唯有如此,你的婚姻才会越过越幸福。

第一节　夫妻沟通之道

　　人们日常所犯最大的错误，是对陌生人太客气，而对亲密的人太苛刻，把这个坏习惯改过来，天下太平。

——亦舒

　　有很多前来咨询的人问我：为什么自己和丈夫（妻子）一说话，就吵起来了。而且有时候会将争吵升级到惹恼对方、伤害对方，甚至到最后以冷战或提离婚收场。不仅让双方都不痛快，还会影响到日常的工作。

　　其实，夫妻之间有争吵很正常，但如果总吵架，那90%的原因在于不懂得如何沟通。如果你想要让婚姻变得幸福、美好、简单，就要学习一下沟通的技巧。

一、说话要适度，别什么话都说

　　虽说夫妻是最亲密的人，但也要注意分寸，要懂得适度。什么话能说，什么话不能说，要分清楚。有些秘密和隐私会对夫妻关系有影响的，就没必要都告诉伴侣，比如与前任的故事、个人隐私等。因为如果你把过去的事坦白得一清二楚，反而会让另一半心生芥蒂，从而产生矛盾影响夫妻之间的感情。

妻子在婚前与别人恋爱时，有过性行为，也做过人流。婚后，为了表达对丈夫的爱，她将这一切都告诉了丈夫。本来，丈夫挺爱她的。但自从知道这个秘密后，他就受不了了，也因此经常打骂和折磨妻子。虽然他很爱妻子，但就是控制不住自己，脑海里总会浮现妻子和别的男人在一起的画面。最终，丈夫忍无可忍，便主动提出了离婚。

当然，说话要适度，不仅仅在于说要保留隐私，同时也包括要少说或尽量不说不信任对方的话、贬损对方的话、责怪对方的话、绝情的话，等等。即使你俩感情再好，也要管住嘴。

二、欣赏和赞美对方

两个男人出去打猎，都打了两只小鸟。

第一个男人回家，妻子一看，便生气地骂道："你这么没出息，出去一天竟然只打回来两只小鸟，让我和孩子吃什么。你一点本事都没有，我和孩子怎么能依靠你这样的人。"丈夫心想，因为下雪，猎物很少，好不容易打到两只小鸟，居然还被妻子责骂。于是，第二天，他出去打猎时干脆跑到朋友家喝茶聊天，回家时，什么都没带回去。

第二个男人回家，妻子一看丈夫打回来两只小鸟，便立即跑过去拥抱丈夫道："你真了不起，这么冷的天，你还能打到两只鸟，难怪别人都说你打猎很厉害。找了你做丈夫，我和孩子也就有了依靠。"于是，她赶快端上热腾腾的饭菜给丈夫吃。第二天丈夫回家，带回了更多的猎物。

任何人都希望得到欣赏和认同，尤其男人。夫妻之间，多说一些让对方开心的话，换得家庭的幸福，何乐而不为呢？

曾仕强说，智慧的妻子要懂得满足丈夫的虚荣心，要经常夸奖丈夫，丈夫就会心甘情愿地给妻子当牛做马。有些女人，总是一副高高在上的样子，看不起丈夫，经常把丈夫贬得一无是处，结果她的丈夫就真的干什么都不行。女人最后得到什么好处了吗？她什么都得靠她自己，把自己累得要死。

责备和抱怨是婚姻中的致命伤。

对方不会因为你的责备而改变自己或认为他们错了，只会百般辩解。要知道，责备和抱怨是破坏关系最快的方式。如果你不想让对方破罐子破摔，那么就请用欣赏的眼光看对方，多赞美对方，多夸夸对方。

不要吝啬你的赞美，要懂得赞美，善于赞美，把你的赞美留给你最爱的人，因为它是很重要的爱情保鲜剂！

三、不做无谓的争执

有些人喜欢较真，喜欢纠正别人的错误，总认为自己永远是正确的。其实，每个人的生活方式不同，对生活的态度也不一样。尊重别人，就是尊重自己，别把时间和精力浪费在无谓的争执上，我们可以省下更多的时间和精力去做我们应该做的事。无论是在社会还是在家庭，只要我们用一颗包容的心，学会接纳不同的人和事，我们就会生活得更轻松，也可以活得更自在！人生不过几十年，不必过于较真，尤其是和家里人。夫妻之间少些争执，多听听对方的想法，别总想着反驳对方，这样相互间的沟通也会变得更流畅，感情也会更好。

> 小梅告诉我，她以前很喜欢和人争吵，尤其是和自己的丈夫。无论丈夫说什么，她总喜欢反驳他。虽然她很爱自己的丈夫，可和丈夫的关系却并不好，她感到很累。
>
> 小梅说现在40多岁了，经历的事多了后，感觉这样争吵下去也没什么意思。而且，她觉得争吵特别伤感情。后来她开始有意识地提醒自己，尽量不和别人争执，更不要和丈夫去争辩。现在的小梅无论丈夫说什么，她都笑着听，即使自己不认同，她也会说丈夫讲得有道理。从此，她和丈夫再也不争执了。她感到很轻松，丈夫也开心多了。

四、学会聆听

不少妻子抱怨丈夫在家不爱讲话，尤其是事业心强的丈夫，他们在家很少说话。实际上，很多丈夫渴望有女人能专注地、耐心地听他讲话，只是很多妻子不懂得如何聆听。

> 一日，我陪一女友去吃饭。女友是一位气质高雅的美人，请吃饭的是一位身居要职的高管。席间，我几乎沉默，只听见平日里威风凛凛的高管，在我女友面前口若悬河，夸夸其谈。

正当我纳闷之时，只见女友一只手撑在桌上，另一只手掌托着腮，睁大双眼，凝视着这位高管，专注地聆听着，一边听一边不停地赞美："是呀，听说那次事故是您亲自到场处理的……""真的，难怪他们都说您工作有魄力，我好佩服哟。"

这位高管在我俩面前大声谈论他的"丰功伟绩"。而女友，时而夸奖他、赞美他，时而又挑起新的话题，激起他讲话的欲望。更主要的是，女友全神贯注聆听的表情，那专注的、发自内心欣赏的神态……深深地刻在了我的脑海里！

任何一个男人遇到如此专注聆听自己讲话的女人，能不口若悬河、充分表现自己吗？

男人不是不爱讲话，而是女人不懂得如何聆听及引导，引起他讲话的欲望。当男人遇到无法解决的烦恼时，他们也渴望能敞开心扉，向人倾诉自己的心里话。

在从事心理咨询工作后，我养成了倾听的习惯。时常有男人在遇到情感烦恼时会主动找我来倾诉。当男人喝酒时会借着酒劲和我的鼓励，把心中的烦恼说出来，有时一个人会说一个多小时。说完后，他们会握着我的手说："谢谢你听我说了这么多，我现在好多了。"我看到一些男人因家庭或感情的事烦恼时，就对妻子发脾气。我问他们："你们为什么不找男人谈谈呢？就像女人如果有烦恼，会和女朋友说说一样，说完就没事了。"

所以，智慧的女人要给男人说话的机会，耐心地听他讲话。当我们能闭上嘴巴，静下心来，用心倾听男人时，我们会发现男人比我们想象的要好得多，而且我们在感情方面的烦恼也一定会比过去少很多！记住：当我们倾听他们说话时，不要打断他们、责备他们，否则他们刚开口讲话就因你的责备而闭口不谈了。一定要给男人讲话的机会，这样你会发现你们的关系会变得越来越和谐、幸福。

五、有效地表达你的爱

爱不仅是用行动表达，也需要及时通过语言来表达。婚姻的烦恼常常是不善于和不愿意表达自己的真实感受，从而导致沟通不当，产生很多误会和痛苦。

中国人不缺乏爱，而是缺少爱的表达。如何有效地传达爱呢？《爱的五种语言》一书中提出了五种爱的语言。

一是肯定的言辞，就是赞美的话。看到对方的好就要及时赞美，直接表达感激。主要有赞扬的字词、鼓励的话语和谦和的话语等。

二是精心的时刻，也就是在一起的时候给予对方全部的注意力；精心的谈话，既要有同理心也要注意倾听并传达自己的感受。

三是接受礼物。如果你的配偶需要的爱的语言是礼物，那么，你就需要了解对方需要什么样的礼物。

四是服务的行动，即要用行动表达自己的爱。

五是身体的接触。身体的接触也是沟通感情的一种方式。亲吻、拥抱及性爱都是身体接触的爱的语言。

有效地表达爱对婚姻关系和谐至关重要，因此，了解对方爱的语言并加以表达，才能更好地促进婚姻的成长。

第二节　培养爱的能力

一、婚后要有一定的自由度

如果夫妻二人一个人用一个圆代替，当两个人的圆完全重合时，这就是过度的纠缠关系，但这并不是最理想的婚姻关系。理想的婚姻关系应该是互相交叉的两个圆，既有各自的独立空间，又有相互交叉的集合区域（见图2-1）。让人舒服的婚姻，就是在婚姻关系中，双方都允许有一定的自由空间。如果两个圆没有任何相交，是完全分开的，那是离心离德、同床异梦的婚姻，这样的婚姻也不美满。

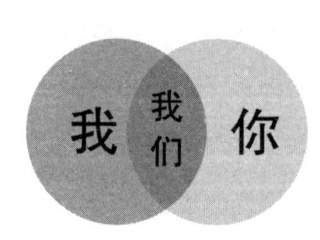

图2-1　理想的婚姻关系

二、爱需要互相给予

好的婚姻是夫妻互相给予，而不是互相索求。然而，现实生活中的很多人认为爱一个人就是应该无条件付出。他们仗着对方更爱自己，便肆无忌惮地一味索取。殊不知，短期还好，时间一长，总是一方付出多，另一方付出少，爱情的天平就会不断倾斜，这段感情也会很容易出现问题。因为无论是谁，总有疲累的一天。这时，正确的做法是另一方要及时地调整、平衡这个天平，对伴侣的付出表示感谢，然后做出一些回报。夫妻之间只有做到互相主动地给予、心甘情愿地付出，才能让夫妻关系变得越来越好，让婚姻生活变得更加和谐幸福。

三、婚后需要提升自我

一个成功的婚姻，就是婚姻双方都不能失去自己。在婚后生活中不断提升自我，保持自身的魅力，做到恋爱对象不变，恋爱内容无穷，从而保持爱情的热度。

然而，在现实生活中，很多人却忽视了这一点。我的一个客户曾对我说，她为了这个家，辞去了自己心爱的工作，在家相夫教子多年，最后老公却向她提出了离婚，理由是和她没有共同语言。她痛哭道，自己为了这个家付出了那么多，最终却落得这么个下场。所以，进入婚姻中的我们一定不要忽视了对自我的提升，要与自己的伴侣共同进步。

四、爱他人之前先爱自己

一个人只有先爱自己、珍惜自己，才有能力去爱别人、珍惜别人。就如同你要给别人一杯牛奶，你得先有一杯牛奶。

当女人遇到一个爱她超过爱自己的男人时，千万不要高兴得太早了。可能就在你发现你俩不合适、想提出分手时，他会做出一些极端的事情。一个把爱情当成生命的唯一，近似偏执地爱着你的男人，你敢去爱吗？他连自己都不爱了，他还有能力爱别人吗？

当女人全身地心爱丈夫，却忽视了关爱自己、提升自己，又怎能和丈夫比翼双飞，继续让爱情保鲜呢？

所以，无论什么时候，都要记住一点：爱人之前，先爱自己。当你足够爱自己时，你就不会有那么多的不平衡，这样既有利于个人的身心健康，也能让你有更多的能量去爱他人！

五、换位思考，从自身寻找原因

婚姻是两个人的事。当婚姻出现问题时，我们不能将责任归咎于任何一方，而是要懂得换位思考，多从自身方面寻找原因。因为换位思考是解决矛盾最高明的方法。

当你和爱人发生冲突时，先冷静下来，站在对方的位置上看待、思考问题，这种感同身受能让你重新审视自己的问题，从而找到自身的问题所在，最终在根源上解决问题。

六、成为被对方需要的人

马斯洛需求层次理论告诉我们，"被需要"是我们个人价值的重要体现。确实，很多人希望自己是一个"被需要"的人。因为当你"被需要"时，你会觉得自己被认可了、被重视了，从而会让你感觉自己更有存在的价值以及更幸福。

夫妻之间只有不断满足对方被需要的感觉，彼此之间的关系才会更长久更和谐。

七、不要试图控制和改变对方

霞姐年轻时是一位美人，在家中她是绝对的领导地位。今年55岁的她，总结自己30年的婚姻和家庭生活，给出的忠告是：不要试图改变和控制别人！

霞姐的丈夫非常爱她，但霞姐却不能忍受丈夫做事拖拉、不认真。结婚后，霞姐一直想帮助丈夫改掉这个坏毛病。但是，30年的唠叨、责备，也没让丈夫有一点点改观，丈夫依然我行我素。最终，霞姐想开了，觉得自己这大半辈子犯的最大错就是试图去控制和改变丈夫。

控制和改变别人，是一件很累的事，也经常是吃力不讨好。所以，当你想控制和改变别人时，不妨睁一只眼闭一只眼，顺其自然，让他们按照自己的意愿过生活，放过他们也放过自己，那样才能收获快乐和幸福。

第三节　婚姻需要珍惜

很多将婚姻进行到底的夫妻，不是因为他们非常恩爱，也不是因为很适合，而是他们无论怎样争吵或是打闹却从没想过离婚，因为他们懂得珍惜。

人们对婚姻质量的要求越来越高，女性的经济独立能力也越来越强，离婚率也随着女性自我意识的提高和经济能力的增长而上升。尤其很多独生子女，习惯了以自我为中心，不懂得宽容和谅解，不愿意委屈自己，在婚姻中不懂得坚持和珍惜，所以离婚率就更高了。

婚姻能走到最后并不完全依靠爱情维系，而如结婚誓词一样，"我愿意她（他）成为我的妻子（丈夫），从今天开始相互拥有、相互扶持，无论是好是坏、富裕或贫穷、疾病还是健康都彼此相爱、珍惜，直到死亡才能将我们分开"。因此，在漫长的婚姻之路上，夫妻要互相忍耐，互相包容，互相尊重，互相合作，求同存异。

一、互相包容，求同存异

结婚是两个有缺点的人互相合作、互助互惠。一个善于接纳对方缺点的人，才是没有缺点的人；一个老是挑对方毛病的人，自己才是有缺陷的人。婚后我们要学会求同存异，不要一味地想去改变对方。改变别人的唯一方法，就是先改变自己。当一个人放弃改变对方时，对方会越来越被影响，不知不觉中两人变得越来越像。

鑫美在第一次婚姻中，她总想让丈夫变得更好总是试图去改变他，最后双方筋疲力尽，以离婚收场。第二次婚姻，鑫美选择了一个爱她的男人。也许鑫美爱得不多，所以不太关注丈夫，觉得丈夫和她是世界两端的人，互不打扰就好。丈夫喜欢打麻将，鑫美喜欢唱歌、打乒乓球。因为单位搬到另一个城市，丈夫离开了原先那帮牌友。鑫美自顾自地唱歌、打乒乓球。失去牌友的丈夫，偶尔和鑫美一起时，发现鑫美歌唱很好听，乒乓球也打得很好。最终，丈夫也和鑫美一起唱歌、打乒乓球，他们的共同话题也多了起来。

（一）互相尊重是婚姻美满的保证

夫妻就像天平的两端，只有彼此平等尊重，婚姻才不会倾斜。尊重对方，看得起对方，那么另一半也一样会尊重你。

（二）互相成就有利于维护婚姻的和谐

婚前我们要讲究缘分，还有讲究相爱，但婚后互助互惠比较重要，要互相帮忙、互相成全，这样在婚姻中双方都能受益，就不会轻言离婚。

（三）求同存异让婚姻生活更舒服

婚姻是两个有不同个性的人一起经营家庭，那么就要做到求同存异，合作共赢。世上没有两片相同的树叶，夫妻之间面临着个性差异和生活习性的不同，与其纠正对方，不如尊重对方的个性差异，求同存异。人生短暂几十年，与其痛苦地改变对方，不如允许对方做他自己。婚姻最理想的状态，就是让彼此在婚姻关系中感到舒服，做真实的自己。

二、弹性地处理婚姻角色

不管丈夫与妻子在家庭生活中的角色如何，都只是家庭分工的不同，两者缺一不可，都是为了家庭更加幸福而努力罢了，无所谓主角和配角。

不过现代社会对婚姻角色的定位有了更多的变化，一成不变的婚姻角色变得更加有弹性，婚姻的双方在很多问题上呈现出协商性，而不再仅仅是一方做主。有些家庭男主内、女主外，虽然这不是主流文化所倡导的婚姻模式，但只要身在其中的双方均能接受就行。一般来说，非主流文化的婚姻模式承受的压力会更大一些，需要双方有足够的心理准备。当然，双方也可以是平等合作的关系，有事互相协商，尊重双方的共同意愿。现代的婚姻模式比较多元化，而不仅仅是传统的男主外、女主内的婚姻模式。

三、相守一生需要包容、珍惜和妥协

人们常将婚姻比喻为脚和鞋子，并说鞋穿在脚上合不合适，只有脚知道，于是将很多失败的婚姻归结为不合适。婚姻长久并不是因为合适，而是两人愿意珍惜和相守一辈子，愿意不抛弃不放弃。决定婚姻天长地久的不是自由，而是矢志不渝的承诺。

结婚后互相包容和忍耐、体谅和宽容是维系婚姻关系最重要的因素。那些能一起走完人生的夫妻，没有什么秘诀，就是能一起坚持和珍惜。

多数夫妻生活都不是一帆风顺的，有快乐也有痛苦。能够使婚姻长久的是包容、责任、坚持和珍惜。

一对相守60年的老夫妇在接受采访时被问道："请问，您二位是如何携手走过这么多年的？"

年迈的丈夫笑呵呵地说："我舍不得离开她，因为她实在是太好了。"

"那么，您的爱人就没有什么缺点吗？"记者接着问。

老人笑呵呵地看着自己的爱人继续说道："缺点嘛，当然有啊，她总是爱唠叨我袜子太臭，还说我不记得给花浇水，还总是爱把她那些老闺蜜带到家里来，吵死人了……"

"那么，您生气吗？有没有和爱人吵架呢？"记者问。

"吵架？我才不呢，我喜欢她做的饭菜，就为这一点，她的缺点我都要忍让些，毕竟没有谁能比她做饭更好吃了，如果我不珍惜这个老太婆，我的嘴巴都要馋死了呢！"说完，老人看着爱人，两个人哈哈大笑起来。

到了晚年回忆这一生我们会留念什么？计较什么？最在乎什么？我们一定希望能记得那些满满的爱和回忆。这些爱来自我们最亲密的恋人、爱人、伴侣、孩子、父母、亲人、朋友、同事，等等。既然如此，我们为什么不好好地爱他们？

婚姻是两个有个性的人互相包容。不懂得包容的人是无法与人长期相处的，而婚姻恰恰就是要和一个陌生人尽量长久地相处。因此，婚姻能携手走完一生，绝不是因为合适，而是因为珍惜和坚持。

婚姻是相互包容，而不是彼此博弈，当夫妻间产生矛盾的时候，也不是一定要争论出谁是谁非，否则即使赢得了争论，也会输掉感情。相反，如果一方懂得率先让步认错，而另一方也选择宽容对方的错误，一段感情才有可能继续开花结果。

十五年前，一对相恋三年的准新人，在即将举办婚礼的前几天却突然宣布取消婚礼，原来女方突然要求男方增加十万元的彩礼，男方为此很是恼火，干脆来个一刀两断。

而此时，女方早已通知自己的亲友来参加婚礼，这突然取消婚礼的消息让女方措手不及，在他人的劝说下，女方也认识到了自己的错误。于是，立刻找到男方真诚道歉。男方与女方相恋三年，两个人也曾互相帮助，并经历过不少困难，又是真心相爱。男方心想：人无完人，知错能改善莫大焉。于是，他原谅了女方及其家人，婚礼才得以如期顺利举行。

结婚后，两个人一起努力奋斗，日子过得红红火火，五年时间还完了买房的贷款，还买了一辆小汽车。到现在，他们的女儿都已经十二岁了，长成了亭亭玉立的大姑娘，两个人的生活幸福美满。

女孩经常感叹：幸亏你当初包容我，要不然我哪来这么好的日子！

男孩也总是说：其实结婚后你包容我也很多，要不然还不得天天打架生气？

如果婚姻中少了包容和接纳，那么，想坚持下来就不容易了。婚姻不是因为两个人合适才走完一生，而是两个人能互相包容和接纳。很多人年轻时不懂得包容，总希望对方改变。因此，年轻的男女一定要明白：结婚有了孩子后，要懂得包容对方，尽量将婚姻坚持下去，因为有共同的孩子、共同的经历，朝着共同的目标努力，婚姻才有未来。

第四节　享受夫妻生活

婚姻生活中，性的满足是婚姻成功的重要条件。一般而言，婚姻愈幸福，愈可能发展出美好愉悦的性。美好的性关系，又有助于感受婚姻的满足感。

现代社会随着生活质量以及认知水平的提高，人们对性爱的要求也高了，性爱是爱情的一部分，对于婚姻十分重要！婚姻生活是否美满，性不是唯一的因素，但夫妻能享受完美的性爱，婚姻生活会更加锦上添花！

但婚姻研究显示，性也并非无师自通，要享有完美的性，必须学习而得。提高性生活质量，要注意以下几个问题。

一、彼此真心相爱，注意增加平日的感情

有人说因性而爱，也有人说因爱而性。但我认为不管如何，夫妻双方在日常生活中也要注重情感的培养。制造一些浪漫情调，加深彼此的感情和依恋，这样才会让你们的夫妻生活变得更加美好。

二、保持身材,产生视觉吸引

有爱的同时,性行为很大程度上靠视觉产生作用,尤其是对彼此身体的吸引、渴望和迷恋。人天生爱美,因此夫妻双方都应注意自己的形象,尽量保持吸引对方的魅力。

多数女人婚前很爱美,但婚后或是生孩子后,身体像发面包一样,胖得连自己都不认识自己;有些男人到中年后,变得大腹便便,这必然影响性的视觉吸引力,产生审美疲劳。夫妻双方要注意合理饮食,经常运动,保持身材。运动不仅能保持良好的体型,还能增加身体素质,提高性生活的能力。

> 有位已婚女士去心理咨询,说丈夫要离婚,不再爱她,很伤心。咨询师和她谈话后,要她回家后去照照镜子。第二次来时咨询师问她,是否喜欢镜子中的自己。她说不喜欢,没想到自己胖得那么难看。咨询师说,"你都不喜欢自己,别人还会喜欢你吗?"

其实,不管是女性还是男性保持良好的体态十分必要,一来在彼此眼中这是一道增进感情的美丽纽带,二来对自己来说也会增加信心,从而更利于自己的生活。除此之外,健康的身体也需要我们保持良好体态,过于肥胖常常是很多疾病的诱因。因此,管住嘴,迈开腿,让自己的身材变得更加迷人吧。

三、性生活夫妻要积极配合

性的满足有赖于夫妻双方的共同参与和积极配合。性就像饮食，都是本能的需要。对性的满足是对人的尊重，性压抑会导致性饥饿，最后会疯狂发作，失去性文明或产生心理疾病。

不少女人生孩子后一心放在孩子身上，对性生活有些厌倦，甚至拒绝丈夫的性要求。其实，妻子只要积极主动配合，丈夫会很欣慰和感激，对性爱会倍感有趣。

四、经常沟通，变化性爱方式和地点

夫妻要经常交流性行为的感受，变换性爱方式，懂得性爱技巧。现在人们讲究提高性生活的质量，女人、男人要彼此了解，就要多沟通、多交流、多学习一些适合自己的性技巧。夫妻应大胆交流彼此的性感受。

某女，30多岁了，丈夫比她大8岁。两人是初恋，彼此感情很好，但都很害羞，从不敢交流性方面的问题。两人都在歌舞团工作，身材、体形都保持很好。丈夫是妻子的老师。他们恋爱8年才结婚。恋爱时妻子年龄小，所以丈夫很克制自己，不敢冒犯她，直到结婚那天才和妻子有性行为。第一次丈夫没有经验，性生活时妻子处女膜破了，出血较多，妻子拼命哭。丈夫吓坏了，认为他对不起妻子，觉得过性生活伤害了妻子。

从此，他很克制自己，经常等妻子睡了之后才敢上床睡觉。偶尔的几次性生活也过得小心翼翼，生怕弄疼了妻子。如今，妻子30多岁了，她很想告诉丈夫她很喜欢性生活，希望丈夫在性生

活方面可以大胆一点，但因为她一直是丈夫的学生，不敢和丈夫交流性方面的问题。结婚四五年，为了事业发展两个人至今也没有孩子。两人都生活得很压抑，对性生活也都不满意，却不敢告诉对方。

有些人很保守或传统，不愿意尝试一些新的性爱方式。其实，夫妻之间只要两人喜欢，可以尝试新的性爱方式。有的人喜欢在不同地点做爱，如果条件允许，应积极配合。其实，只要两人喜欢，多些变化是有趣的。

五、性并非总是充满激情，也并非都能达到高潮

大量医学案例表明：并非每次性生活都会让两人达到高潮，特别是女性的高潮率更是低于百分之五十。所以在性生活当中没有性高潮也是正常的，不要因为没有达到高潮而产生亏欠感或是觉得没意思。否则，时间一长就会对性生活产生恐惧或者厌倦，也就没有"性福"可言了，这对夫妻感情的维系十分不利。

对于这种情况，夫妻两人可以开诚布公地沟通，说出彼此的意愿和喜欢的方式，这也是专属夫妻之间的秘密沟通，也是增进感情的助推剂。特别是妻子，不要因为传统观念的束缚而闭口不谈，夫妻之间最重要的就是要坦诚地说出自己的要求和想法，然后两个人共同努力去实现。

六、和谐的性关系是双方均拥有相同的性权利

随着社会的发展，人们对性的认识也在不断地发生着变化，当双方都有相等的权利对性采取主动或拒绝，是最愉快，也是最协同的性关系。

第五节　家务分工合作

家庭分工指的是夫妻分摊经济活动和家务劳动的比例。男人女人因为生理和心理上的差异而有不同的学习经验和社会的期待。因此，夫妻的经济角色和家务角色会有不同的偏向。夫妻如果能在角色扮演上充分地协调与沟通并达成共识，有助于家庭的正常运转。

现代社会女性和男性一样进入职场，但很多家庭妻子还是承担了大部分家务，当然已有越来越多的丈夫主动参与到家务劳动和孩子养育的工作中，有的甚至已经成为家庭主夫。研究表明，如果丈夫不能协助分担家务，尤其对于职业女性而言，会对其身心健康造成不良影响，进而对婚姻造成伤害。因此，对于双职工家庭，如何分配家务劳动和承担孩子养育的责任，需要共同协商。

一、家务分工的类型

稳固的婚姻需要婚后夫妻分工合作，各自承担自己的责任。家务分工的类型有以下几种。

（一）平等互惠型

现代社会，多数家庭是以三口之家的核心家庭为主，由于生活压力和购房买车等经济压力增加，多数家庭夫妻都外出工作。在这个双职工家庭中，夫妻需要共同承担家务劳动。同时，他们也会根据双方的工作性质和辛苦程度，灵活地处理家务劳动由谁承担的问题。

小丽刚结婚时工作很忙，家务和孩子都是丈夫承担。结婚6年后，丈夫当领导工作非常忙，无法顾及家务，于是小丽承担起做家务和管教孩子的重担。孩子10多岁后，小丽和朋友一起创办了一家公司，工作更加忙碌。这时，做家务和管教孩子便由丈夫负责。虽然他们夫妻的工作发生了很大的变化，但他们从没因为家务事争吵过，因为丈夫认为，男人必须和妻子共同承担家务。正因为如此两人结婚十几年，依然恩爱如初。

（二）男主外女主内型

传统中国家庭的分工模式是"男主外，女主内"，而这也是目前在我国不少家庭的分工模式。因此，丈夫要懂得结婚和立业兼顾并重，努力追求事业的进步，让妻儿衣食无忧。妻子则要主动承担家务和教育好孩子的重任。

即便妻子是全职太太，也并不意味着所有的家务必须由妻子一人承担，因为夫妻之间互相帮助也是理所当然的。如果丈夫能够在工作之余帮助妻子做一些力所能及的家务，或是帮忙一起带孩子都会使妻子感受到自己是被爱的，从而减少焦躁的情绪，家庭生活也会更加和谐美满。因此，丈夫也要主动适度地承担家务，而不是仅仅做个"甩手掌柜"。

（三）女主外男主内型

妻子承担家庭经济支持，丈夫承担主要家务劳动，妻子承担少量家务劳动。这虽然是非主流的家庭模式，但的确由于身体或其他方面的原因，有些男性不如女性找工作容易，导致也有一些家庭，妻子外出工作，丈夫在家承担家务和教育孩子。而且，这样的家庭在逐年增多。

> 肖梅大学毕业后就业较好，收入很高。丈夫中专毕业后，找工作一直不理想，收入低，又无法顾及家庭。最后肖梅希望丈夫放弃工作，在家照顾孩子。因此，从孩子初中到高中，都是肖梅一个人工作，丈夫在家承担家务。儿子考上大学后，丈夫才外出工作。由于两人认为这只是家庭分工不同，都毫无怨言，因此一直幸福地生活着，令很多人羡慕不已。

二、共同承担家务劳动好处多

夫妻共同承担家务对于稳固夫妻感情非常重要。婚姻中，男人不应该把自己定义为只管挣钱，其他事情完全无须插手的"老爷"；同样，女人也不应该把自己想象成十指不沾阳春水的"公主"，养成好吃懒做的性子！婚姻是两个人的，那么婚姻里的家务也应该由两个人一起分摊。这样，彼此都能够借此感受到自己是家里的一分子，更能增加家庭责任感，两人在共同做家务的过程中也可以增进交流，更利于婚姻稳定和长久。

此外，共同承担家务可以更高效地完成，这样就能为彼此打造出更多空闲的时间去做自己喜欢的事情。如果所有的家务都是一个人扛，那么不管这个人是丈夫还是妻子，天长日久难免身心俱疲，从而产生烦躁、抱怨的情绪。一方情绪不好，必然会牵连到另一方心情也不好，于是看似不起眼的家务小事，却有可能会闹成一发不可收拾的场面。

有一对夫妻，他们共同经营一家小规模的公司，两个人既要照顾家庭，又要忙于公司事务，因此生活变得十分忙碌。开始，由于丈夫习惯了不过问家务，现在一起开公司，妻子忙完工作忙家务，累得精疲力尽。为了改变这种情况，妻子与丈夫进行了一次深入的沟通，丈夫也意识到自己这样十分不妥。于是，最终两人制定了一份共同分担家务的协议。

从此以后，他们按照各自的分工承担家务和公司的事务，丈夫开始帮忙做饭、洗衣、打扫卫生等，而妻子也会协助丈夫处理一些公司事务，生活变得井井有条。在夫妻二人的努力下，他们家庭稳固，事业有成，彼此之间的感情也愈发深厚。

这个故事告诉我们，家务活并非女性的专利，而是夫妻双方共同的责任。如果两人都能够参与家务活，就可以大大增加和谐的家庭氛围。

三、客人还是家人

微信群里曾流传着这样一篇文章《真正的丈夫，从来不帮妻子做家务！》。文章开头写道："我不得不承认自己从来不帮妻子做家务，因为家务从来都是每个家庭成员该做的，因此也有我一份。就如我从来都不帮老婆带孩子，因为孩子也是我的。带他是分内之事，何来帮忙一说？"

我们常听见一些妻子抱怨丈夫把家当作旅馆一样，每天回来吃饭睡觉，一觉醒来就上班，仿佛这个家的其他事情都与他无关一样。但事实上，正如前面的文章里所说的一样，家务从来都是每个家庭成员该做的，又怎么能叫帮忙呢？那原本就是自己分内的事情呀！如果我们总是觉得家里的事情与自己无关，又怎么能感受到家的温暖呢？

第六节　处理婆媳关系

婆媳之争是中国家庭中一个重要的议题。很多婚姻冲突和离婚案都和婆媳关系有关。如何处理好婆媳关系，是大部分家庭会面临的问题。

一、儿子有责任促进婆媳和睦

婆媳关系不好，一般和丈夫不善于协调婆媳关系有关。虽说丈夫是最难的一个角色，但是为了促进婆媳关系的和谐，丈夫应肩负协调的责任，帮助妻子与母亲之间达成互相理解。

都说，家不是讲道理的地方，而是讲亲情的地方。丈夫夹在两个深爱自己的女人中间，要想化解她们的冲突，就要从中多沟通。

充分地了解、沟通、体谅、宽容是处理好婆媳关系的基本原则。"会做的丈夫两头瞒，不会做丈夫的两头传"，既不能不尊重母亲，也不能不尊重妻子。但如果丈夫想讨好所有的人，就等于讨好不了任何人。在父母面前，他不要让父母感到是站在媳妇那边的；而在媳妇面前，他也要理解她的不容易，不要站在父母的立场责骂妻子。

小伟在外面打工，妻子和母亲在老家一起生活。过年回家，妻子、母亲都迫不及待地悄悄向小伟投诉。母亲说他妻子懒，妻子说他母亲管得多。结果，小伟认为妻子没有任何问题，老人就不应该管年轻人的事情，于是对母亲严厉地说："她的事情你不要管，你又不了解年轻人，管那么多干什么？人老了，管好自己就行了。她跟我说了，你总是说这说那，让她心情糟透了！"

母亲没说什么，但是小伟这样不分青红皂白地数落了母亲一顿，让母亲很是伤心。没多久，母亲就得了一场大病，差点撒手人寰。

丈夫不能把婆媳的原话都传给对方，否则会产生更深的矛盾，而是要帮助双方学会沟通，帮助她们了解对方抱怨的是什么，要促进双方互相了解、互相理解，最终化解矛盾。

有一个聪明的丈夫深谙婆媳相处之道。有时候，母亲抱怨儿媳不爱做饭，他就跟妻子说："妈说记得咱刚结婚时你做过一次蒜香茄子，她觉得太好吃了，但是又不好意思让你做，你看哪天劳您大驾让咱妈解解馋呗！"于是，妻子高高兴兴地做了一顿饭，婆婆看了也很高兴。妻子抱怨婆婆晚上起床声音太大时，他就会跟母亲说："妈，昨天晚上您没什么事儿吧？她睡觉很容易醒，您一关门她听见了非要我起床看看您是不是有什么事儿，我说没事儿，她还说我不孝顺您！"这样一来，母亲晚上关门也小声了一些。

二、妻子成为体谅丈夫的女人

婚姻是两个家庭的结合。"你嫁给了他,就等于嫁给了他全部社会关系的总和。你们俩的结合就是两个家庭的结合,他娶了你,就等于娶了你的一切,包括你的社会关系、你的父母……"这是王海鸰在《新结婚时代》中写的。婚姻不仅仅是两个人的事,也是两个家庭的组合。智慧的女人,无论在什么时候都不要逼丈夫在自己和家人之间作选择。当小家和丈夫的大家之间发生利益上的冲突时,女人要有足够的宽容和理解,要有耐心,有的事情让时间去解决。

然而,有些媳妇总让丈夫在其中非常为难。虽然婆媳的相处丈夫非常重要,但媳妇也一定要学会体谅。因为只有学会了体谅,媳妇才会理解婆婆,不为难丈夫。

(一)了解婆婆的成长经历

作为年轻的妻子,我们做不到把公公婆婆当成自己的亲生父母,但至少可以做到善良,因为一般老人年轻时都不容易,想想自己的父母,公公婆婆把丈夫养大也不容易。

如果有时间多和婆婆聊天,听听她的故事。对婆婆越了解,和婆婆的心就会走得更近。多数老人所受的教育有限,他们当初的经济条件也不好,多理解他们的生活方式和我们不同,也就不会有太多的矛盾。

(二)不要让丈夫两头为难

年轻的妻子要学会经营婚姻,学会理性地处理婆媳关系。没有儿子不爱母亲,所以你不应该让丈夫在你和婆婆之间作选择。如果和婆媳关系不好,让丈夫夹在中间两头为难,其实也是苦了丈夫,更会影响你们夫妻二人的感情。如果能多从这方面考虑问题，往往可以让事情变得简单。

妻子需要理解丈夫对母亲的爱，毕竟血浓于水，他们渴望有条件后能回报原生家庭，如果妻子能想到这些，就不会太为难丈夫。

（三）不要认为婆婆给予帮助是理所应当的事

很多年轻人认为婆婆理所应当照顾怀孕的媳妇，照顾出生的孙子。但要知道：婆婆没有义务照顾媳妇或孙子。如果她们愿意照顾，我们要心存感恩。如果婆婆不愿意照顾你或孙子，那我们也不要责备，毕竟生孩子、养孩子是我们自己的责任。

在传统观念里，老人帮照顾孙辈天经地义。但在现实生活中，我们也常见很多父母不仅养育自己的孩子，还抚养孙辈。有些老人一生辛苦劳累，到死都在为孩子的孩子忙碌。这也导致一些人认为婆婆照顾孙子是理所当然的。

年轻的父母没有育儿经验或因工作繁忙无法做到既不耽误工作又能照顾好家庭。他们非常需要年迈的父母帮助照顾孩子。有的老人退休了，身体好，照顾下一代会带给他们很多乐趣，但这都不表示照顾下一代或照顾怀孕的媳妇，是他们的义务。

王阿姨说儿子在外打工，儿媳妇想和儿子一起出去打工，所以希望他们住进儿子在市区的家，帮忙带孙子。可孙子十多岁了，读初中，很爱玩游戏，又不听老人的管教。王阿姨对媳妇说，"我70多岁了，有高血压，不能生气。但一看到孙子不听我的话或是看到他玩游戏怎么说都不听时，我就气得不行。现在他大了，我也管教不了他，不如你来管，对孩子更有好处。"最终，儿媳妇选择自己带孩子。

三、婆婆也应该是一个通情达理的人

一个巴掌拍不响。婆媳关系不好，婆婆也有一定的责任。婆婆应放下过去那种高高在上的姿态，和媳妇友好相处，不要介入或过度干涉儿子小家庭的生活，让他们独立成长。父母都希望儿子婚姻幸福，但自己却让儿子夹在母亲和媳妇之间，造成痛苦和纠纷，甚至导致儿子婚姻破裂，也不是为人父母者所愿意看到的。

> 一位母亲把儿子培养得非常成功。当儿子成为单位一把手时，这位母亲就觉得儿媳妇配不上自己的儿子了，死活闹着要儿子离婚。但是，当初这个儿媳妇也是她亲自挑选的。儿子对母亲说，媳妇没有任何过错，为什么要离婚？最后，儿子还是坚持自己的想法，和媳妇和睦相处。母亲一见，也只好作罢。

四、尽量不要生活在同一屋檐下

住在一起的婆媳，十有八九在相处中会出现问题。这是因为婆媳之间虽然只隔了一代，但两人的成长环境、教育程度等可能完全不同。老人大多吃过苦，受传统思想的教育做事规规矩矩。而现在的年轻人则更注重享受当下，做事也更加注重自我感受。另外，婆婆常常会因为自己之前完全听命于公婆，全心全意伺候丈夫而希望儿媳也能如自己当初一样。但现代夫妻在生活当中，早已不是昔日模样，丈夫做家务带孩子也十分常见。这样一来，婆婆和媳妇无论在生活习惯、消费观念，以及家庭工作分工上都可能存在巨大差异，日积月累总会有爆发的时候。

小莉结婚后跟婆婆接触很少，关系一直不错。每次回老家时，婆婆都会做小莉爱吃的菜，小莉也总是不忘给婆婆买各种礼物，回家的几天一直都是其乐融融。

所以在小莉怀孕后，她第一时间就想让婆婆来照顾月子，但单位的同事都好心提醒小莉要慎重，毕竟两人也没有真正相处过，有些问题可能并没有暴露出来，不如让自己的母亲来照顾会好一些。

但小莉觉得只要自己和婆婆以诚相待，没有什么解决不了的问题。然而，没想到的是，婆婆来了不到一个月，两个人就闹得不欢而散。原因是小莉喜欢吃清淡的菜，婆婆说饭菜没有盐味不好吃；小莉说太热要开空调，婆婆说开空调太费电；小莉想要给孩子买好看的小衣服，婆婆说孩子小根本不用穿太好看的衣服……

总之，她俩每天都在为一些鸡毛蒜皮的小事争吵，弄得小莉都快抑郁了。

所以，如果家里条件允许，两代人最好不要住在一起，即便像小莉这样需要伺候月子，晚上最好也要分开居住，这样彼此都有一段时间拥有自己的空间，矛盾也会少一些。当然，结婚后是否要自己居住也需要看自己的实际情况，如果条件不允许，那么双方都需要互相理解和体谅。

第三章

家庭经济的管理

很多人恋爱和结婚前都羞于谈钱。其实，谈钱不伤感情。因为如果婚前双方能就钱的使用和支配等方面的问题多做一些探讨和规划，有一些共同的理念，婚后才不会因为钱的问题产生各种矛盾和纠纷。婚姻五大功能之一就是"经济共同体"，因此，钱作为婚姻中无法逃避的问题，我们就必须要去面对。

《钱文忠解读〈弟子规〉》中"财物轻,怨何生?"解释为:如果大家都把财物看得轻一点,哪里还会有怨恨呢?夫妻过日子,柴米油盐、孩子教育、车贷房贷,都要以钱为基础,所以夫妻之间关于钱的话题必然无法绕开。但不可否认的是,现代社会人们在对待金钱上越来越持开放的态度,甚至有人将"金钱至上"奉为真理。但在婚姻生活中,如果对金钱看得过重,有可能会导致婚姻的失败。

某女青年29岁,和男友到了谈婚论嫁的阶段。男友付了首付后又装修了新房,以后每月的收入仅够还贷款的钱。于是,他对女青年说,"我的工资只够付每月还贷款了,以后家里的开销就靠你了。"一想到结婚后家里的吃穿住用都要靠自己,除了养活自己还要养活这个男人,女青年最终和男友分手了。

另一对夫妻一起出钱买房子、装修,妻子将婚前的积蓄几乎用完了。原本她也有工作,但婚后不想工作,做起全职家庭主妇。丈夫支付每月房贷,负责物业、水电以及吃穿等全部家庭开支。丈夫只是一个普通的公务员,每月拿着固定的工资,为了应付家庭开销,常常入不敷出,经常向朋友借钱度日,两人常常因为钱而争吵,最终以离婚收场。

多数男女走进婚姻的殿堂，需要共同承担家庭开支，对婚姻要有合理的期待，不能在经济上完全依靠一个人，否则，多半会因为钱经常吵架。弟子规中的"财物轻，怨何生？"对于婚姻中的男女非常适用。如果夫妻双方不看重财物则更有利于改善婚姻关系。

虽然谈钱伤感情，但在"钱不是万能的，但没有钱是万万不能的"时代，结婚前谈一谈对钱的看法也未必是坏事。否则，对钱处理不恰当也会成为婚姻失败的原因之一。

因此，婚前需要对婚后在经济方面的问题进行探讨。很多国家在高中阶段就会开设婚恋指导课，其中有关于家庭经济方面的教学内容。比如，结婚后钱是分开来保管还是合在一起保管？如果分开保管或合在一起保管，应该怎么用？需要有具体的安排。还有关于赡养双方父母的问题，给双方家长的钱怎样给都是需要探讨的问题。这样，双方结婚后就不会因为经济方面的问题产生矛盾。

第一节　爱情和面包

有些人不好意思谈金钱问题，好像这样会伤害彼此的感情。但如果已经准备结婚，那么还是要了解对方的经济情况，列一张个人财务清单，对于个人工资收入、工作情况、住房情况、投资理财等情况进行了解，否则婚前一无所知，婚后才知道对方欠债太多或是个赌徒等，那一定会后悔莫及。因为结婚后经济问题处理不好是导致家庭矛盾和离婚的主要原因之一。

小王和我初次见面就告诉我她离婚了，带着不满一岁的儿子。这个貌美如花的女人才20多岁。小王说，她和前夫是经人介绍认识的。两人很快相恋并结婚生子。原本日子过得挺平静的，虽然他们暂时在外面租房过日子，但小王还是觉得挺幸福的，一直以来也没有什么矛盾。有一天，她看到丈夫突然变得愁眉苦脸，不知道他发生了什么事。在她的追问下，丈夫说他信用卡欠债100多万元。小王想不通，他们没有买房买车，还在外租房子住，怎么会欠这么多钱？她和丈夫每月收入加起来1万多元，100多万元的债务很大。结果，丈夫说都怪她，因为他们恋爱去旅游和在外面吃喝、给她买礼物等。他的工资不够开销，为了让妻子开心，他透支了信用卡才能维持高消费。小王很委屈，恋爱到结婚生子，丈夫表现得一直很好，在经济方面也没有委屈她和孩子，但孩子不满周岁，丈夫竟然透支信用卡100多万元，她百思不得其解。

在小王的一再追问下，公公才告诉小王，丈夫婚前有赌博的习惯。这么多欠债应该是赌债。婚前，小王的公公多次帮助儿子还赌债。原本结婚时丈夫答应公公绝不再赌，公公以为他终于成熟了，认为结了婚，有妻子管着他，他就会有所改变，没想到他还继续赌博。

小王怪自己当初恋爱没多久就奉子成婚，这才造成对丈夫的不了解。得知真相的小王果断选择了离婚，父母也支持小王。只是才20多岁就离异了，还带着个儿子，小王以后的日子可想而知……

一、婚前择偶要看人品

爱情与面包到底哪个更重要，不同的人会有不同的选择。最好是爱情和面包都有，可鱼和熊掌不可兼得时，我们要如何抉择？

婚前要注意对方的品行！那些没有上进心又有不良嗜好或不良恶习的异性，一定要远离他们！否则如飞蛾扑火，给家庭、自己，甚至未来的孩子都可能带来灾难！

小琳在与男友谈恋爱时，真如童话里的公主一样幸福。那时，男友每次到公司接她总是衣着光鲜地手捧鲜花，一辆价值不菲的跑车更是让小琳在同事面前出尽了风头。而且，男友对小琳体贴入微，刮风下雨必定是车接车送。男友对小琳的家人也十分照顾，出手大方，俨然阔家子弟。

小琳就这样幸福地嫁给了男友，嫁入了豪门。但好景不长，丈夫的公司因经营不善破产了，一夜之间家里没了经济支撑，小琳希望丈夫能找一份工作来贴补家用。但丈夫从小娇生惯养，游手好闲，哪里肯到别人手下做个小职员呢？

二、钱是爱的象征

"男人心甘情愿把钱交给女人代表着爱。"张日昇老师在箱庭疗法工作坊的课堂上经常讲钱是爱的象征。

电影《非诚勿扰》中有一句台词，如果丈夫有10元但都用在妻子身上，这个丈夫是爱妻子的，而他有1万元却连100元都不舍得给妻子，说明丈夫不爱妻子。

一位妻子抱怨丈夫原来每月交给她2 000元，那时她没有工作，没有收入来源。此后她给自己买了社保。55岁后，她每月可以拿1 000多元的养老保险金。当她开始领取退休社保后，丈夫每月只给她1 500元生活费。为此，她和丈夫闹矛盾。丈夫退休前是某公司的一把手，退休工资7 000多元。难得妻子55岁终于有自己的收入，但丈夫却因此每月少给她500元。两人为此大吵起来。

另一位女人退休后，丈夫和她商量，要她负责家里的买菜和柴米油盐，丈夫负责物业管理、水电费等。她退休工资比较高，也同意丈夫提出的各自承担部分家庭的开销。其他收入，他们都是各管各的钱。这位丈夫退休前也是单位的一把手，退休工资10 000多元。

尽管她们的丈夫曾经都是单位的一把手，但退休后，丈夫都和她们算经济账。结婚这么多年，他们各管各的钱。至于丈夫收入多少，她们一无所知。可以看出，这两对夫妻感情一般，只是凑合过日子而已。

刘墉在一本书上写道，有一天他在家写作，妻子和一帮女人在闲谈，听她们说如果丈夫将钱交给妻子，这样的妻子在家里地位最高，丈夫也爱她们。如果丈夫不把钱交给妻子管理，往往不够爱妻子。刘墉听了这些女人的议论，认为很有道理。

  一个妻子从不管丈夫的钱，她的工资也交给丈夫保管，当她要用钱时就向丈夫要，要的钱有时比她给丈夫的还要多。丈夫舍不得在自己身上花一分钱，将大部分的钱都用在了妻子和孩子身上。丈夫对自己非常节俭，不得已才买衣服或鞋子，但对妻子提出的任何愿望，他都会满足。这位妻子说，"我不管他的钱。要我管，我还操心，而且肯定不够用，反正家里的钱基本上用在了我和孩子身上。"

现代社会，人们的价值观逐渐在发生变化，人们也变得越来越实际。我和两个朋友讨论说，钱是爱的象征。两个朋友立即反驳我说太物质化了，而且以她们的婚姻为证说这话没道理。这两个女人都是幸福的女人，她们的丈夫非常爱她们。在和丈夫的共同努力下，有车有别墅，而且她们的丈夫非常有责任感。她们从不管丈夫的钱，但丈夫的钱都用在家里。丈夫对她们的家人也非常慷慨大方，她们家的亲戚有好几个都住在她们的别墅，和她们一起生活。丈夫对此不仅没有怨言，而且对她们的亲戚非常好。因此，"钱是爱的象征"并不是狭隘地理解为钱交给谁管理，而是一个人是否愿意把钱用在另一个人身上，即使对方不管钱财，也代表着对另一个人的爱。

妍妍是一所名牌大学的研究生，家境优渥，追她的男生自然有很多。但是，她最终选择了现在的丈夫。有人不解，问她那么多追求者条件都比他好，为什么不选一个条件更好的呢？这样，她日后的生活不更轻松一些吗？

妍妍说："有钱的人自然有的是，但是肯像他一样把自己手里的钱都交给我的可没有。你们知道吗？他工作后做的第一件事就是把工资卡交到我手上，这是他全部的家当啊！有多少人能够做到对我这样毫无保留呢？"

父母爱孩子，愿意把自己的金钱给孩子。夫妻也一样，空有口头上的"我爱你"，而在经济上斤斤计较，一毛不拔，谁会相信是爱自己呢？

金钱并不能买来爱情，但却在某种程度上代表着一个人的真心。我们并不倡导拜金主义，只是想要告诉那些恋爱中的人们，如果口口声声说爱你的人却连金钱这一关都过不去，那么请慎重步入婚姻。

第二节　婚后谁管钱

小华与丈夫结婚后很快有了孩子，由于忙着照顾孩子，小华就把家里的经济大权交给了丈夫管理。丈夫人很好，工作努力，不乱花钱，也没有不良嗜好，所以小华对丈夫非常放心。不过，孩子出生后，小华的工作受到了影响，收入锐减，再加上孩子的开销，日子过得捉襟见肘。丈夫看在眼里，急在心上，于是打算自己在下班后做点小生意。但是，丈夫不懂理财，也不懂商道，不到两个月，就赔进去两万元钱。

小蒙则完全不同，她与丈夫结婚后原本并不打算管钱，但她的丈夫觉得小蒙很有经济头脑，便主动将财政大权交给小蒙。虽然很多人都说小蒙的丈夫不该这么将钱全都交出去，说一个女人家能懂什么。但是，他信任小蒙。小蒙也没有辜负丈夫的信任，她先是在存款不多的时候理财。慢慢地，家里的钱多了。她又瞅准时机贷款买了房，随后房价上涨。小蒙卖掉了房子，还了贷款后，再全款买了一套小房，贷款买了一套大房，大房出租，以房养贷，自己并没有什么压力。而之后房价再度上涨，小蒙一家的生活也因此变得富裕起来……

两个家庭都是普通的工薪阶层，但两人的生活却发生了不一样的变化，可见，家里的钱究竟由谁来管也是大有学问。一般家庭大致有以下几种财产管理方式。

一、由一方管理财产

婚姻除了以爱为基础，也是一种经济结盟，因此钱由谁来管理就需要两人进行探讨。虽然对于钱由谁来管没有统一规定，但如果妻子爱乱花钱，不会控制购买欲望，没有理财规划，而丈夫会过日子，就该由丈夫来管理；反之，就由妻子来管理。将钱交给有理财观念的一方，另一方也可以共同参与，对于家庭的重大开支可以通过协商来处理。

丈夫在学校做老师，比较善于管理财务。妻子是医院护士，不懂理财，所以妻子主动提出由丈夫来管理钱财。他们生活过得非常愉快，买车、买房，都由丈夫规划。二孩政策放开后，他们又生了一个儿子。两个孩子的教育等丈夫都安排得非常好，日子也过得很幸福。

电视上曾报道过这么一件事。一个北京女人找了一个外国丈夫。丈夫是演员，但他的朋友都很会花钱。可他妻子对他的钱控制得很死，查他的收入也查得很严，每天只给他固定的零花钱。刚开始他很不习惯，总找理由想多要一点钱，可后来看到他的那些外国朋友还在外面租房住，可他在北京已买了房，过得比那些会花钱的朋友轻松多了。这时他才非常感谢妻子，如果不是她将钱控制住，他们也不可能存钱买房子。

所以，如果丈夫很爱花钱且不懂计划，那么妻子要想办法管住丈夫，掌握家里的经济大权，因为家里总要有一个会当家的。

二、AA制

一般情况下，家庭财产实行的是夫妻共同财产制，特别约定的是夫妻分别财产制，也就是俗称的AA制。在我国，不少年轻夫妇中渐渐流行起AA制，小两口工资各自管理，债务各自负担。更重要的一点，AA制的本身促进了夫妻双方自尊、自爱、自立思想的树立。

在近些年的婚姻实践中，实行AA的夫妻日益增多，特别是在北上广深等一线城市，上升趋势还在增加。AA制之所以逐渐流行，是因为人们看到了它在婚姻关系中的好处。

（一）经济上相对自由

家庭里妻子和丈夫实行AA制，就意味着夫妻两人自己挣的钱自己管。只要自己想花，无须考虑对方和其他家人，比起共同支配家庭财务要自由得多。

比如，男人喜欢出去和朋友聚会喝酒，就可以免去妻子不给零花钱而无法和朋友聚会的遗憾，或者参加聚会却总是没钱买单的尴尬。而女人在为自己买衣服、买包包、买化妆品时，也只要看自己喜好就可以，而不会被男人埋怨花钱太多。

（二）双方都有责任感

夫妻实行AA制不仅意味着自己的钱自己做主，还意味着每个人都要为家庭付出自己的努力。因此，双方都需要努力工作，努力承担起属于自己的那份家庭责任，共同为生活忙碌，两人也就更能体会到各自的不易与艰辛。相较于"家庭主妇"式，这种相处模式则更利于夫妻共同成长，两人的社会能力也会基本保持同一水平，从而更利于感情发展和稳固。

（三）增加情趣

由于实行AA制，所以两人都会有相对宽松的经济自由，这就会让双方更有能力去制造一些小浪漫、小惊喜。同时，收到礼物的人也会很开心，因为这种家庭制度下，绝不会产生那种"自己掏腰包给自己买礼物"的糟糕感觉。

> 丽丽结婚后不管丈夫的钱。丈夫很开心。丈夫朋友多，钱在他自己手中，经常和朋友一起打打牌或聚餐，比较自由。平时日常开销，两人也没有算得那么清楚。谁买菜买米，也没有具体规定。家庭外出吃饭、水电、物业管理费、孩子教育经费等都是丈夫出。谁先回家谁买菜做饭，两人感情很好。买房时，两人互相商量，根据各自的存款共同支付首付款和贷款。如今，他们已经买了三套房子（其中一套是别墅），两辆车子。丈夫平时不太有积蓄的习惯，所以，购房首付款丽丽出得多，但此后的每月按揭还款，丽丽就让丈夫多承担，给丈夫一些压力。而丈夫炒股投资也赚了一些钱，所以，两个人过得挺好，夫妻感情也非常好。

夫妻之间很多矛盾都是因经济问题而起，从这一方面说，AA制则在很大程度上避免了这类问题。但AA制也并非完美无缺。比如，在AA制当中，即便夫妻一起吃个便饭还需要计算自己该花多少，这对于增进和稳固夫妻感情常常毫无益处；此外，AA制夫妻由于财富自己掌控，两个人各管各的，那么就不会有人主动为家庭付出了，那么家的凝聚力就微乎其微了，一个没有凝聚力的家，又何来安稳呢？

不仅如此，AA制需要考虑的事情也十分繁杂，比如双方长辈的赡养、孩子的抚养、疾病的问题等。这些问题都在各自的可承担范围内尚可，但如果某一方无力支付又该如何呢？而且，生活不是一棵只有树干的大树，而是枝繁叶茂，琐碎异常，总会遇到想不到的花销；更有许多的事情并没有办法用金钱来衡量，比如做家务、带孩子，因此而损失的工作收益，又该如何算清呢？总之，夫妻之间如果想要实行AA制，就要事无巨细地考虑清楚，以免日后带来更大的矛盾。

三、根据家庭需求灵活安排

> 结婚前丈夫主动提出让晓敏管钱，但晓敏说她喜欢网购、自控能力又不好，而且结婚后的前两年，他们需要和婆婆生活在一起。所以，晓敏提出让丈夫管钱。直到晓敏生孩子后，小家庭开始搬出来独立生活。这时，晓敏才开始掌管家庭经济大权。

如果两人真心相爱，彼此信任，那么家庭经济管理也可以根据实际情况灵活处理，并不是一旦决定就一成不变。就如晓敏，他们刚结婚时和婆婆一起生活，丈夫需要承担婆婆家里的水电费等日常开销，还需要给婆婆零花钱，还要还车贷。即使丈夫提出让晓敏管钱，但还必须每月给婆婆钱，因为他们没有单独生活，和婆婆之间有很多经济牵扯。为了不影响婆媳关系，所以晓敏让丈夫管钱。结婚两年后，他们有了孩子，新房也装修好后，他们单独生活，晓敏才接过经济大权。

所以，家庭经济大权到底交给谁，也可以根据实际情况灵活处理。但双方需要对家庭开销、存款等有知情权，否则因为经济产生矛盾和纠纷不利于婚姻的和谐。

四、夫妻协商谁管钱

每个家庭的情况不一样，并没有一个统一的模式限定由谁管钱。如果想要维持家庭稳定和减少家庭矛盾，那么在婚前主动协商家庭的经济管理问题非常重要。要想长久维持婚姻，协商解决谁管钱的问题是必须要考虑的。

小倩和小俊结婚前，双方父母见面协商彩礼等事宜。小倩是头婚，小俊为二婚。前一段婚姻，小俊有一个女儿由前妻抚养，但小俊每月要支付3 000元抚养费。小倩的要求是小俊婚前的房子需要加上自己的名字，婚后小俊的工资卡必须交给自己保管。她每月按时将小俊需要支付的抚养费打给小俊的前妻。对于彩礼，小倩没有提出要求。考虑到小俊是二婚，小倩长得漂亮，公公、婆婆对小倩非常满意，所以答应了小倩的要求。小俊婚前的房子加上了小倩的名字，工资卡也交给小倩管理。

小倩结婚前一个人吃光用光，不会存钱。结婚后，由于丈夫放心地把工资卡交给小倩管理，小倩反而很用心过日子，省吃俭用，婚后又购置了一套房。虽然两人有时也会闹矛盾，但因为工资卡交给小倩，小倩也按时给丈夫的前妻转生活费，相互之间非常信任。家里需要大量用钱时,两个人也会协商处理。小倩说,丈夫把工资卡交给她,她才有安全感。夫妻之间有了信任,婚姻关系才稳定。如今,他们生了一个儿子,日子也越过越好。

第三节　提升财商

　　财商是与智商、情商并列的现代社会能力三大不可缺的素质。财商包括两个方面的能力：一是创造财富及认识财富倍增规律的能力（即价值观）；二是驾驭财富及应用财富的能力。

　　财商不是通过培训、教育出来的，而是通过精神世界与商业悟性的养育、熏陶和历练出来的。对财商的培养，其目的是让人树立正确的金钱观、价值观与人生观。财商是实现成功人生的关键因素之一。

　　传统的教育，很少告诉人们理财和致富的观念。但是在日常生活中，钱虽然不是万能的，但没有钱却会让生活变得窘迫起来。因此，如果我们能够在收入有限的情况下，让手里的钱得到最大程度地增长，也不失为一种积累财富的手段。因此，适当学习家庭理财知识也是十分必要的。

一、培养理财的意识

　　很多家庭搞得比较好，这与他们有较强的理财意识有很大的关系。首先，支出不要超过收入，同时懂得进行一定的投资。其次，要有明确的花钱计划，要懂得将每年一定百分比的收入存起来，留作未来的投资。要持有财富，就要控制花费。如果预算控制得好，就是最好的花钱计划。因此，必须事先决定钱如何花，而不是事后陷入收支不均的困境。

小惠丈夫把工资都交给她，很少过问家庭的开支等情况。小惠非常有经济头脑。在房地产不景气时，她买了三套房子。后来房产热时，她将其中的两套卖出，转手赚了几十万元。

小薇儿子去广州上初中时，她考虑如果为儿子在广州租房，每月几千元，还不如在广州买房。那时很少有人异地买房。在她低价买下一个急于转手的二手房后，房价便开始暴涨。

有些人对金钱没有概念，最后，他们也吃亏在不重视金钱的问题上。有些家庭里，两个人对于家庭财产都毫无概念，常常是有钱了就花，既不存钱，也不理财。结果，结婚几年甚至十几年，家里都没有什么存款。一旦发生某些变故，如大病或者一方失去劳动能力等，家庭储蓄完全无法应付生活，从而使一家人陷入困境。

二、适当投资理财

怎样才能拥有更多财富？通常是开源和节流。开源为夫妻中有一方或双方会赚钱，或者夫妻善于投资理财；节流为夫妻用钱有计划，不乱用钱或无不良嗜好，如抽烟、喝酒、赌博等，这样也可以不断积累财富。

夫妻可以建一个共同账号，每月计算一下固定的开销，剩下的就存入固定账号，根据经济情况适当进行投资。

老话说：你不理财，财不理你。现在有钱并不能保证你将来就一定生存能力强、生活状况好。真正决定生存能力和财富数量的关键是养成良好的理财习惯，它是测算你能留住多少钱以及让这些钱为你服务多久的指标。

理财首先要做到有计划。因为盲目购物和冲动消费，不仅会掏空自己的钱包，还会买回一些自己根本不需要的东西。作为一个充满智慧的财智家庭，想要把握自己的理财前景，首先要了解自身的财务状况，认清家庭收支情况，比如所有资产，包括现金、定期存款、活期存款、其他投资产品，以及固定资产，如房产、汽车等；还有所有的负债，如房屋贷款、汽车贷款、分期付款、所借外债等。建立家庭资产负债表，即将所有的资产、负债等建立表格，最后用资产减去负债，得出净资产。根据这些，制定自己人生不同阶段的理财目标。因为如果不能进行合理的财务收支预算、制定良好的财务计划，是无法理财的。同时，在分配有限收入资源时，必须分出轻重缓急、先后次序，有计划有步骤地加以实现。

作为理财，要学会开源节流，既要选择合理的投资方式和投资时间，可根据情况进行长期或短期投资；在日常生活方面，要制定合理的消费计划，尽量节约开支，理性消费，规划支出，减少不必要的支出，不需要的物品坚决不买等，谨慎使用信用卡；同时，要养成记账习惯，每月进行统计，明确自己日常消费情况，抑制不合理的消费方式，建立消费账本，逐渐提高合理消费程度。

为了增加家庭收入，人们要学会处理和建立良好的人际关系，多与人沟通，了解和把握赚钱机会，善于抓住商机；同时，应了解自己的性格，有意识地学习一些理财知识，因为学习理财知识是理财的必要前提。

此外，要学会远离骗财陷阱，注意理财的误区。如不随便借钱给别人，不轻易为别人提供担保，不参与社会上的非法集资活动，不参与民间借贷活动等。

阿梅一直渴望像别人一样买一套别墅。她从教师岗位退休后，参与了一个高回报的理财项目，还动员身边的教授、公务员购买，导致那些朋友血本无归。她被告上法庭，判刑一年。已经65岁的她工资、社保、医保全没了。原以为有了这次教训，她会老老实实过安分的日子。没想到再次见到她，她又在推荐身边的朋友做一个景区项目的集资活动，这让她的家人十分担心她会再次陷入诈骗风波。

不同的婚姻家庭，要有不同的理财方案，但必须做守法的公民，不做违法的事。

三、女人也要有经济观

在中国传统的家庭模式中，常常是"男人负责在外挣钱，女人负责家庭琐事"，这就使得一部分家庭里面，妻子并不直接掌管家庭的财产。但男人与女人在思维方式上存在着巨大的差异，比如男人的思想通常比较粗枝大叶，所以对于家庭在很多细节上的花销常常考虑不周，因此导致经济尴尬的事例也时有发生。所以，妻子需要多多提醒丈夫。如果是妻子掌管家庭收入，那就更要做到不铺张浪费，俗话说"不能开源，就要学会节流"，否则一方面会增加丈夫的工作压力，另一方面也不利于家庭财产的积累。

此外，妻子也不要将整个家庭的经济来源全部寄托在丈夫一人身上。

如果自己有能力多让家庭有一份收入，也是提升家庭生活品质和自身生活能力，以及应对家庭变故的必要方法之一。

四、培养孩子的财商

教育孩子懂得理财也是很重要的一件事。因为孩子从小有理财的意识，可能会养成受用一生的理财观。家长首先应帮助孩子建立自己的理财账户，尽量让孩子打理自己的压岁钱。同时，家长应和孩子一起制定一份压岁钱的开支计划，养成有计划、有目标的良好消费习惯。

只有做一个有"财商"的人，才能为家庭创造理想、幸福、和谐的生活！

第四节　钱不是婚姻的所有

有钱就一定幸福吗？有钱不一定幸福。

萧媚和丈夫从小青梅竹马，双方父母都非常认可他们的结合。结婚后丈夫为了摆脱贫困的生活，从一个刷墙的建筑小工做起，最后成为房地产开发商，身价几千万。在那个小县城成了名人。萧媚从此过上了富太太的生活。家里请了保姆，她每天沉迷在麻将桌上。两个孩子读书的事，她也交给保姆去管。

一天，她得知丈夫在外包养了一个女人，并生下一个女儿。这时她才欲哭无泪。想离婚，又心不甘；不离婚，丈夫家外有家。她特别怀念和丈夫刚结婚时，虽然穷但夫妻恩爱，如今的她不知道该怎么办才好？

萧媚的悲剧虽然与丈夫发达后的移情别恋有关系，但也与萧媚在家庭经济好转后，过于沉迷于享受财富，忘了提升个人的修养和品行等也有很大的关系。家务不做，孩子不管，对家庭整个大撒把。这样的生活又怎能幸福呢？所以，随着家庭经济的好转，如何维系婚姻，也需要引起夫妻的关注。

一、换一个角度看丈夫

多数家庭都是普通工薪家庭，过着并不富裕的生活。如果想让婚姻继续，与其诉说对丈夫挣钱能力的不满，不如换一个角度看丈夫，多多寻找丈夫的其他优点，你会发现丈夫可能是最适合你的。虽然他不那么优秀，也没有那么高的权力、地位，没有达到你期待的挣钱能力，但他尽力了！世界上没有十全十美的人，也没有百分之百令人满意的婚姻！只要有一双善于发现的眼睛，你会发现自己的婚姻一定是最适合你的！

也许丈夫挣钱不多，但很体贴，对家庭很负责，很心疼你和孩子。我们不要把成功男人的定位过于绝对化，认为这个世界上只有有钱、有地位的男人才是优秀的成功男人。普通的男人、平常的丈夫，如果他能守护这个家，为这个家努力付出他的一切，虽然他可能没有那么大的能力，不能成为大家公认的成功男人，但对于妻子和孩子而言，他也是一个好丈夫、好爸爸。

朋友说她在上海复旦大学读书时，一天中午看到校门口有一对补鞋的夫妻，那时正好没什么活干。那个妻子闭着眼睛头枕在丈夫的大腿上，手抚摸着他们的儿子。朋友说，她非常感动，在阳光下，那是一幅让她非常羡慕的画面！那是一个多么幸福的景象呀！妻子一定很享受这一切！

换一个角度看丈夫，你会发现即使丈夫没有钱，但他是最爱自己的！那就好好珍惜你们的感情，用心经营你们的婚姻！你收获的一定是幸福、快乐、满足和平静！因为钱也不一定能买来爱情和幸福！

二、钱不是婚姻生活的全部

在现实生活中，我们常常被"没有钱是万万不能的"这样的思想所误导，认为生活里"钱"才是最重要的。但是如果婚姻中夫妻都只看到金钱，就难免会忽略彼此之间的情感，夫妻之间若是没有了感情和爱，婚姻也就失去了它存在的意义。

某公司的一个高管，年薪百万，经济富足。因此，他让妻子辞掉工作做全职太太，这样他便可以一心扑在工作上。但让人没想到的是，他的工资他自己掌控，每个月只给妻子两万的生活费，而这些钱并不是给妻子的零花钱，而是需要妻子负责买菜做饭、日常开销，以及孩子课外培训费用和各种人情往来的全部费用。

最初，妻子并没有在意，觉得既然是一家人，丈夫也没有什么不良嗜好，钱在谁的手里都一样，都是家里的钱。

但是有一年妻子的父亲生病住院，需要5万元手术费，丈夫却说："每个月给你那么多钱都花哪儿去了？就不知道节省点吗？再说了，你现在又不挣钱，家里就靠我一个人，一下子要拿5万块，那我们自己的日子还过不过了？"

妻子满眼失望地说："那是我的父亲，你的岳父啊，他现在急需做手术，你就这么无情吗？我不挣钱不都是为了这个家吗？

难道你的眼里就只有钱吗？"

妻子无奈只好找朋友借了钱给父亲做了手术。之后，妻子迅速找了一份工作，做起了原本的白领，虽然工资没有丈夫高，但足够养活自己和儿子。半年之后，妻子提出了离婚，丈夫不解，说自己并没有犯什么错，怎么就到了要离婚的地步。

妻子只说了一句："你和钱过吧。"

我们看到，在这种婚姻中，夫妻之间往往会因为钱的问题出现矛盾和冲突，最终不欢而散。钱，并不是婚姻生活的全部，它只是让婚姻生活锦上添花，但并非婚姻的根本和基石。真正的婚姻，应该是建立在彼此相爱的基础上，夫妻之间要有感情沟通、互相支持和理解，才能共同度过人生的种种艰辛。

中 篇

疗愈婚姻之痛

有些人在遭遇失恋、家暴、外遇、离婚等情感挫折后会陷入痛苦之中无法自拔。因此，当面临婚恋挫折时，我们应该如何对待？如何走出困境，勇敢地生活呢？

我们总是渴望天长地久的爱情，渴望我们爱的人永远爱我们。然而，随着生活的磨难、时间的变化，我们发现那个曾经深爱着我们的人变了，不再爱我们，甚至渴望离开我们。

　　可我们还是执着地爱着对方，怎能承受这个打击呢？虽然我们不想上演已过时的一哭二闹三上吊的旧戏码，可我们又怎能做到果断放手，给对方自由？然而，那份爱已经变质，已经成了禁锢的一张网，不分开只会让对方讨厌你，甚至恨你。

　　要知道，强扭的瓜不甜。所以，我们要顺其自然，不要强迫或为难对方。如果两个人的爱只靠一个人维持，哪怕你付出再多，也无济于事。

　　当爱情发生变化时，我们能做的只有改变自己，毕竟我们无法改变别人。人生的旅程如在大海上航行，一意孤行是人生的大敌，灵活多变才能活出健康、美丽的人生！跟一个不爱你的人相守，只会让双方感到束缚和痛苦，倒不如勇敢地放掉这一段感情。要相信，上帝为你关了这扇门，也一定会为你打开另一扇窗，也许另一个更适合你的人正在等着你！

　　人生最要紧的是享受过程，而不是结果，恋爱失败了，不妨将它当成学习的机会、宝贵的经验。跌倒了不怕，再爬起来，依旧向着阳光的方向行进。要时刻提醒自己，人生要做的事还有很多。

第四章

正确对待家庭暴力

> 广义的家庭暴力是指家庭成员之间以殴打、捆绑、残害、限制人身自由以及经常性谩骂、恐吓等方式实施的身体、精神等侵害行为。《中华人民共和国反家庭暴力法》强调家庭成员以外共同生活的人之间实施的暴力行为，也参照该法规定执行，这意味着"同居暴力"也纳入其中。而本章所讨论的家庭暴力行为专指夫妻之间发生的身体攻击和性暴力，尤其丈夫对妻子实施的身体攻击和性暴力行为。我们通常理解的家庭暴力也称为婚姻暴力，即配偶中一方以语言、肢体或者性等方式虐待另一方。当然，现在的家庭暴力，还包括冷暴力，即不与对方沟通和交流。

电视剧《不要和陌生人说话》是婚姻暴力故事的翻版。剧中的丈夫是医界名流安嘉和，他自认为深爱着美貌的妻子梅湘南，却不断对她施加暴力。每次家暴后，他又不断地向她忏悔、道歉，并以各种方式讨好她，但家暴妻子的事件仍在一次又一次地发生着。家庭暴力中的施暴者总是打着爱的名义，限制甚至控制妻子的行为，只要妻子违背他的意志，就对她拳脚相加。事后，男人会后悔、下跪、写保证书，极力讨好和取悦妻子，恳求原谅，但家暴性质只会一次比一次恶劣。

某媒体报道了一个因提出离婚被丈夫咬掉鼻子的女人。她说丈夫好的时候，天天给她按摩、做饭炒菜，可打她的时候却非常凶残。

面对婚姻暴力，女性要抛弃"家丑不可外扬"的思想，要学会捍卫自己的权利，勇敢地拿起法律的武器来保护自己，不要一味地听任丈夫的恐吓与威胁，否则你的忍让最终可能会酿成悲剧！

家庭是现代社会的基础，在倡导和谐社会的今天，家庭和睦成为社会和谐的必要条件。然而，家庭暴力等现象时时发生在家庭成员之间，破坏着融洽的家庭关系。因此，我们一定要正确面对家庭暴力！

第一节　学习法律知识

一、中华人民共和国反家庭暴力法

2015年12月27日，《中华人民共和国反家庭暴力法》（以下简称《反家庭暴力法》）在第十二届全国人大常委会第十八次会议表决通过。这是我国首部反家暴法，于2016年3月1日起正式实施。从1995年中国首部《中国妇女发展纲要》中第一次提出"坚决制止家庭暴力"，到最终的专门法律出台，反家暴立法酝酿筹备了20多年。

《反家庭暴力法》首次建立了人身安全保护令制度。当事人因遭受家庭暴力或者面临家庭暴力的现实危险，向人民法院申请人身安全保护令的，人民法院应当受理。人民法院应当在72小时内作出裁定，情况紧急的应当在24小时内作出裁定。人身安全保护令的保护范围可以包括申请人及其相关近亲属。人身安全保护令由人民法院执行，公安机关以及居民委员会、村民委员会等应当协助执行。

二、举证

由于家庭暴力的发生常常令人猝不及防，因此，举证难是公众担心的问题之一。反家暴法规定，可以根据公安机关出警记录、告诫书、伤情鉴定意见等证据，认定家庭暴力事实。

三、女性主动学习家庭暴力等方面的知识

女性要经常关注法治栏目的电视或参加妇联、妇女维权站组织的学习活动，通过学习有关婚姻、妇女权益保障、反家庭暴力等方面的法律知识，提高自我保护意识。

第二节　家暴零容忍

一、学会反抗

面对家暴要"零容忍"，要勇敢说"不"。第一次面对丈夫的家暴，妻子一定要反抗。很多女人认为，丈夫只是一时冲动，也许以后不会再发生。要知道，家庭暴力只要有第一次就会有无数次，所以，当妻子第一次被家暴时就要进行反抗，并给予反击，不要让丈夫觉得你好欺负。

夏美第一次结婚时遭到了全家人的反对，还对她说，以后过得不好，不要回来找他们。婚后，当丈夫一次又一次打她时，她没敢告诉家人和朋友，而是独自忍受着。结果，丈夫的家暴不断升级。最终，无法忍受的她起诉与丈夫离婚了。再婚后，她的第二任丈夫也对她动手了。但这一次，她不再软弱，而是坚决抵抗，而且对丈夫大喊道："你敢再动我试试，我不会放过你。"

她拼命的样子着实把她丈夫吓坏了，从此再也不敢打她了。事后，她对丈夫说："下次，你敢再打我试试看。"丈夫知趣道："老婆，你那么厉害，我哪敢打你呀。"之后，丈夫再也没有打过她。

摁住家暴的拳头，才能保证家庭安宁，营造出平等、和睦、文明的家庭关系。在面对家庭暴力时，只有奋起反抗才能让对方看到自己的决心。当然，大多数情况下被家暴一方常常是女性，当面对与自己力量悬殊的丈夫时也要机智应对，不要过度激怒对方，以免造成更进一步的伤害，甚至导致悲剧的发生。比如，我们可以在事后对丈夫发出严正警告，或者到派出所报案等手段明示自己的态度。

在面临第一次家暴时一定不能姑息纵容，要让对方知道家暴是要付出代价的，是绝对不允许的。

二、保留证据

遭遇严重家暴造成身体伤害后，应及时告诉邻居、家人或到医院做伤势鉴定等，保留人证、物证。

三、寻求妇联和法律援助

当遭遇暴力行为时，女性要第一时间主动寻求妇联的帮助，更要寻求法律援助，通过法律手段维护自己的权利。

四、惩治家暴实施者

如果丈夫死性不改，妻子可以向当地派出所报案，通过法律手段保护自己，惩治家暴实施者。对于严重的家庭暴力，必须通过依法维权，惩治家暴实施者。

第五章

当婚姻有了瑕疵

生活里柴米油盐的琐碎常常会让谈情说爱的温柔、耐心和忍让逐渐消磨，婚姻的裂痕也常由此产生。修补还是放弃，就成了一道难解的题。

有一天，柏拉图问老师苏格拉底什么是爱情。

苏格拉底叫他到树林里走一圈，可以来回走，并在途中摘一朵最好看的花，柏拉图充满信心地出去了。两小时后，他精神抖擞地带回了一朵艳丽但蔫掉的花。苏格拉底问他："这就是最好的花吗？"柏拉图回答："我找了两个小时，这是盛开的花朵中最美丽的花，但在我采下并将它带回来的路上，它就逐渐枯萎了。"这时，苏格拉底告诉他："那就是爱情。爱情是诱惑，它犹如一道闪电，虽明亮，但稍纵即逝。而且追不上，留不住。"

后来，柏拉图又问老师苏格拉底什么是生活。

苏格拉底又叫他到树林里走一圈，取一枝最好看的花。柏拉图有了之前的教训，便充满信心地出去了。过了三天三夜，他也没有回来。苏格拉底到树林里去找他，最后发现柏拉图已在树林里安营扎寨了。苏格拉底问他："你找到最好看的花了吗？"柏拉图指着边上的一朵花说："这就是最好看的花。"苏格拉底问："为什么不把它带出去呢？"柏拉图回答："我如果把它摘下来，它马上就枯萎了。即使我不摘它，它也迟早会枯萎。所以我就在它盛开的时候，住在它边上。等它凋谢的时候，再找下一朵。这已经是我找到的第二朵最好看的花了。"这时，苏格拉底告诉他:"你已经懂得生活的真谛了。生活是追随与欣赏生命中的每一次美丽。"

意大利作家卡萨诺瓦在《我的一生》一书中写道:婚姻是爱情的坟墓。这句话也随着如今社会中离婚率的逐年增加,无意中让那些在婚姻中受伤的情侣感同身受而流传开来。然而,美好的爱情怎么会在婚姻里消失呢?它只是在日积月累的琐碎中渐渐变得模糊不清,人们也常常在日复一日的柴米油盐里晕头转向,从而不慎走错了方向。

第一节　处理外遇的原则

面临外遇时，我们该如何处理，需要遵循哪些原则呢？

一、及时反思

发现外遇时首先要冷静，要检讨彼此有什么错和责任。不要推卸责任，要从自身寻找原因，这样才不会因为过分愤怒，以为一切都是对方的错而失去理智。

二、保持警觉

保持警觉，伴随警觉要有行动。如果不离婚，那么当发现有风吹草动时，就要及时劝阻。怀疑对方有问题或面对可能出现的外遇时，要关心对方，而不是责问对方、拷问对方。

三、求助长辈

越是重要的事情，越不要轻易讲，但不得不讲，要找对人、抓准时机才能讲。当外遇很难收拾时，就要求助长辈。妻子通常先和丈夫的父亲讲，丈夫先和妻子的母亲说比较好。

四、不要为了报复对方，自己也搞外遇

不要对方在外面搞外遇，你也搞外遇。很多时候，出现这种情况是可以挽回的。我们不能因为一时气愤，想报复对方，自己也去搞外遇。这样只会恶化二人的关系，最终导致两败俱伤，以离婚收场。

五、缩小处理外遇的范围

如果你还爱着对方，不打算离婚，就不要把对方往死里逼。撕破了脸，双方都不好看，甚至会伤及孩子。所以，任何时候都要给对方留足体面，如不要当众吵闹、不要找对方领导、不要跟孩子控诉等，尽量在最小范围内处理。

第二节　理智对待外遇

　　甜甜与晓峰从初中到大学都是同学。大学毕业后，他们便结婚了。婚后，他们互敬互爱，甜甜感到非常幸福。随着丈夫的事业越做越大，应酬也越来越多，偶尔还不回家。无意间，甜甜居然发现丈夫在外面有女人，还和外面的这个女人生了一个儿子。一开始，甜甜还不敢相信，然而事实就摆在眼前，这让她不得不面对现实。甜甜想着自己的三个孩子，想着自己和丈夫曾经的幸福生活，她不想离婚，希望丈夫能回归家庭。结果，丈夫直接搬出去了，还和她提出离婚。甜甜不明白丈夫为什么如此绝情，可一说到离婚，她又没有勇气。她不知道该怎样办才好。

　　结婚多年，当初的神秘感和新婚的激情早已没有了，这时夫妻一方很可能会被外面年轻漂亮或气质出众的女人、高大帅气或成熟多金的男人所吸引，那些意志不坚定、责任心不强的人，便很容易出现出轨问题。如果双方还有感情，一定要采取正确的方式去处理问题，让生活继续下去。如果实在无法挽回，分开或许对双方都是一种解脱。

一、不要轻易放弃婚姻

家和万事兴，不到最后关头决不轻言放弃。不到万不得已不要离婚，因为衣服是新的好，而人是旧的亲。外遇虽然会给人带来短暂的快乐，但也会留下很多问题。人非圣贤，孰能无过？如果过错方真心改过，我们就给对方一次机会。我们的目标是要让对方回头，回心转意，而不是逼走对方，所以，要保持冷静，在多关心对方的同时也要改变自己，相信对方也会因此而改变，要学会"理直要气和，得理要饶人"。有可能过了这道坎，你们又会恩爱如初。

二、不要用极端方式对待外遇

在面对外遇问题时，"一哭二闹三上吊"并不是高明的策略。不属于你的人不会因为你死抓着不放而存留，就像手中的沙子，你抓得越紧，流失得越快。更有一些女人以为用一些极端的方式，比如自杀，就能威胁或挽回对方的心，殊不知，这只会伤人伤己。要时刻提醒自己，冲动是魔鬼。用别人的错误来惩罚自己，不仅于事无补，更可能将自己推入深渊。如果你想挽回爱人，请用理智和策略来挽回。

因此，面对婚姻不幸时无论如何冲动也不能自杀，连这个念头都不要有，因为生命一旦失去就无法挽回，对家庭、对孩子都是巨大的打击。

一个女人因为丈夫外遇前来求助。丈夫有过一次失败的婚姻，这个女人当时未婚，人年轻又漂亮，经济条件还很好。她看中的是这个男人老实。婚后，她善待男人与前妻生的儿子，又和丈夫生了一儿一女。没想到，她发现自己的丈夫竟然有了外遇，而且和那个女人在一起两年了。女人痛不欲生，说结婚时丈夫发誓一生只爱她一人，绝不背叛她。难以面对真相的她整日以泪洗面，恨不得亲手杀了这个男人。

我问她孩子多大了，她说大儿子（继子）19岁，二儿子13岁，小女儿9岁。我说，如果你杀了人，就得坐牢，而你的儿女就是杀人犯的孩子。他们的父亲是被母亲杀死的。你让他们怎样活下去？

在我的劝导下，女人冷静了下来。我说，你人到中年了，如今没工作，一家人全靠丈夫养活。现在丈夫也很后悔，答应改过，你是不是得给他一次改过的机会呢？再说，你们有三个孩子，生了孩子就要尽到养育之责，两个人养孩子肯定比一个人养孩子要轻松得多。再则，如果你把心思多放在自己身上，让自己更快乐、忙碌，丈夫自然会被你吸引。所以，你要改变自己。你们经历了那么多，如果家庭和睦，其他女人怎么能进得来？你们的孩子也会因为有个完整的家而感到快乐。女人听了后，觉得非常受益，并决定下一次带丈夫一起过来咨询。

中年夫妻总会有各种矛盾，如果我们任由自己发泄情绪，不管不顾孩子，最终婚姻失败的受害者就是孩子。如果足够自信、有足够的能力处理好离婚后对孩子的教育问题，那么可以离婚追求各自的幸福。离婚后如果不能妥善处理好孩子的养育问题，那么需要慎重考虑离婚的决定。

谈情说爱时的温顺、耐心、迁就、妥协、容忍，随着婚姻岁月的流逝而日渐减少，外遇也因此在婚姻中出现。伤心、愤怒在所难免，但切记要冷静处理，不可因一时激愤惹出更大的麻烦。

三、不离婚就要学会放下

夫妻一方出轨了，如果另一方不想离婚，就要学会放下，因为只有放下，才能把日子过下去。人生很长，婚姻生活也不短，如果你总是对这件事情耿耿于怀，那么幸福就会离你而去。

> 一个男人30多岁时和第三者发生了一次性关系。因有6个孩子，妻子没法离婚，但从此二人便分床睡，妻子睡在床上，男人睡地上。就这样，他俩过了30年。后来，儿子给他俩买了一个上下铺。男人睡上铺，妻子睡下铺。男人70多岁时，向外人说起这么多年的痛苦时泪流满面。30多岁犯的错，到死都没被原谅，40年的光阴没有一丝快乐。

因为一次外遇，妻子不原谅也不离婚，此后几十年的婚姻生活，两人形如陌路。这对彼此来说都是一种痛苦和折磨，这样的婚姻太累了。如果不想离婚就好好沟通或者寻找婚姻咨询，否则痛苦的不仅是两个大人，还有孩子。

四、调解无效和平离婚

离婚有30天的冷静期，很多婚姻登记处都设有公益的婚姻咨询和婚姻调解。感情如果已不在，可以协商离婚；协商不成，可以起诉离婚。但如果伴侣偏激或者性格极端，在处理离婚事件时最好请求亲朋好友协助，以免造成不好的结局。

  我在妇联从事婚姻咨询十多年,有些夫妻调解后,会彼此改变,好好过日子;有些通过婚姻调解后,最终选择和平离婚,如此也不会给孩子造成伤害,更不会导致悲剧的发生。

第六章

正确处理离婚

不是所有的感情都能有始有终,不是每段婚姻都能牵手一生。山水一程,已属有幸。缘分尽了,就彼此放手,各奔前程。

现如今，很多人将婚姻中的爱情置于经济与社会目的之上，从而提高了对婚姻质量的期待。然而不幸的是，忙忙碌碌的生活，柴米油盐的琐碎，常常让婚姻千疮百孔。当婚姻无法达到个人预期时，他们就会痛苦、失望，有的会逃避婚姻，另辟蹊径去寻求个人的满足。还有的人视婚姻如儿戏，开心则和，不开心则散。所以，离婚率便开始攀升。

结婚是一件很神圣的事情，既然你选择了结婚，认定了对方，就说明你要接纳他/她的一切，虽然，柴米油盐的生活琐碎会让你们有矛盾、有争吵，但那就是最真实的婚姻生活。而你要做的就是继续欣赏对方的优点，包容他们的缺点，如此你们才能幸福地携手过完这一生。

然而，人生在世，不如意者十之八九，也许婚姻恰好不是我们喜欢的模样。如果你已尽全力，仍无法留住这一段缘分，那就坦然放手，冷静处理，相忘于江湖也未必是一件坏事。

第一节　不要草率离婚

有一年的12月9日，我参加了一个朋友的儿子的婚礼。

婚礼上，新郎的父亲意味深长地对儿子、儿媳提了几点希望。他希望双方勤俭过日子，相亲相爱，以及婚后在遇到磕磕碰碰时能互相宽容和忍耐，要坚持一辈子相守相爱。

其实，新郎的父亲在婚姻中曾有过外遇，也有过离婚的念头，但妻子仍深爱着丈夫，一路坚持，他们最终共同走到最后。在丈夫有外遇时，妻子不同意离婚，而是智慧地打赢了他们的婚姻保卫战。正是女人的坚持，才有了这样一场隆重而热烈的婚礼。

由于做婚姻咨询的工作，我见证过太多的外遇和不幸的婚姻。一些夫妻来咨询说要离婚。我会帮他们分析，让他们知道什么时候值得坚守，什么时候必须放弃！

所有的爱情和婚姻都是互惠互利的关系，即合作关系。当婚姻对自己还有意义时，就需要我们坚持！当婚姻无法给予我们任何支持和帮助，且留给我们的是满身的伤痕和流不完的泪水，那么放弃也是一种解脱！

离婚有时会成为一种习惯，即习惯于以离婚的方式解决冲突。有些人再婚后还会继续用离婚的方式处理婚姻冲突，甚至再找一个和原配相似的人结婚后再次离婚。能白头偕老的婚姻通常是因为忍耐和包容。过于计较对方的缺点，不能原谅对方的过错，就可能一再离婚。

一、遇到婚姻问题，先分析原因

如果两个人中的一人出现问题，要闹离婚，另一人必须冷静分析婚姻出现了什么问题，彼此是否都有责任。如果不是原则性的问题，并且有孩子，还是要尽量挽回婚姻。而且一旦决定原谅对方，要做到不要总纠缠对方的过错，而是要促使对方回归家庭。

小志是一名律师，在当地小有名气，但最近他的婚姻却亮起了红灯。原因是，最近一段时间，他发现妻子总是家也不收拾，晚饭也不做，而且他下班回家时，妻子常常都不在家。询问妻子去哪儿了，她只说找闺蜜逛街去了。

一个偶然的机会，他发现妻子并不是和闺蜜去逛街了，而是和一个中年男人坐在咖啡馆里聊得火热。回想最近一段时间，妻子对自己都没有这么热情，不由得怒火中烧。但律师的理性告诉他，他不能意气用事。

于是，小志仔细分析了他与妻子的婚姻，从上下班时间到家里大大小小的事情，从两人日常的交谈到个人的习惯等，他发现妻子其实是个很好的女人。结婚后，她勤俭持家，日常家务也是做得井井有条。不管小志每天多晚回来，她都会做好饭菜等他。反观自己，除了在外挣钱，其他的事情却从不关心，很少陪妻子逛街，节日也只是给妻子发个红包让妻子自己买礼物，常常半夜回家，不懂得关心妻子，甚至有两次妻子生病了都是自己去医院的……

想到这里，小志觉得婚姻出现问题，自己也有不小的责任。当晚，他就与妻子进行了坦诚的交流，向妻子道了歉。听到小志的道歉，妻子委屈的泪水再也止不住，一下子扑在他的怀里痛哭起来。之后，小志尽量抽时间多陪妻子，妻子也恢复了往日的笑容，家里又变得温馨了起来。

二、权衡利弊

性学家方刚认为婚姻有五大功能中，最重要的是感情，其次分别为经济互助、共同抚养孩子、共同的社会资源、性生活固定配对。想离婚时，对这五大功能进行打分，五大功能并不是均分，即每个是20分，而是你最看中的功能给予最高分值，每个功能分值多少存在差异，具体的分值由当事人来确定，这个没有统一标准，因人而异。根据五大功能打分后，也就是权衡利弊后，再慎重决定是否离婚。

三、离婚前先分居

如果非离婚不可，也要讲究方法，可以尝试先分居一段时间，看自己是否真的可以一个人生活。很多夫妻分居一段时间后，由于不习惯，反而会和好如初。所以，离婚前分居一段时间很有必要。

四、离婚并不一定就能使人幸福

以芝加哥大学社会学家琳达·怀特为首的家庭研究学者小组经过研究发现,没有证据可以证明选择离婚结束不幸福婚姻的人比选择继续维持婚姻的人明显生活得更幸福。他们发现有三分之二的婚姻不幸福的夫妇,在维持婚姻五年后会重新过上了幸福的生活。

研究还表明:虽然离婚可以减少某些压力或伤害,但它可能造成另外的压力和伤害。其中包括配偶、孩子对离婚的反应,孩子的监护权、探视权、新的理财和健康问题及新的婚姻关系、继子女关系等。

之所以能够继续维持婚姻,并不是因为他们双方发生改变,而是随着时间的推移,原本他们认为的问题显得不是那么重要了。因而,维持婚姻最重要的是强烈的责任感、极度不愿意离婚的意愿。因此,处于不幸福婚姻的双方首先要解决的是出现的问题,而不是选择直接离婚。

第二节 离婚需要智慧

一、离婚时尽量不要伤害彼此

有些夫妻，当婚姻走向结束时，常常会使尽手段侮辱对方、互相揭短；离婚时为了争取更多的经济利益，不惜把过去的爱情全部忘记，完全不顾及对方。俗话说："做人留一线，日后好相见。"离婚也只是人生道路上的一个插曲而已，怎么能完全不顾做人做事的规矩呢？

每个人都是独立的个体，没必要为了伤害对方，把自己的幸福给葬送了。离婚时尽量做到善待彼此，毕竟曾经相爱过。为了孩子，今后还要交往。人最好的境界就是尊重人性，让彼此过得更好。离婚时见人品，因此离婚时尽量做到和平分手，共同协商关于家庭经济的分配，孩子抚养和教育等问题。

二、不要做出极端的行为

被动离婚的一方因为不甘于离婚，有时无法调整心态或用极端的方式报复对方或自己，给双方以及家庭造成无法挽回的损失。一般来说，女性往往会将报复指向自己，采取自杀的方式报复对方，而男性往往采取杀人的极端方式报复对方。

2008年4月3日，丈夫向国平因为不满其妻张永英提出离婚，到妻子开的店里向店里的人喷硫酸。

29岁的演员白静因为提出离婚被丈夫用刀刺死，此后丈夫也自杀身亡。

以上悲剧让人无比心痛。无论在婚姻过程中发生过什么，生命是最宝贵的。我们不能因为离婚剥夺自己的生命，更没有资格剥夺他人的生命。对于被动离婚的一方，当婚姻无法继续时，应该尊重对方的决定，而不要因此伤害自己或对方。

三、成为孩子心灵成长的呵护人

父母婚姻失败后，不要成为孩子心理问题的制造者，而应成为孩子心灵成长的呵护人。有些父母因为经营婚姻的能力不足，自身存在问题，他们教育孩子的方式简单粗暴。这些家长常常会成为孩子心理问题的制造者。

有些夫妻长期吵架，孩子在无爱和弥漫着战火的环境中成长，可能会出现心理问题。因此，有了孩子后，即使夫妻婚姻走向解体，也应该努力处理好离婚后孩子的教育和抚养问题，主动承担起教育和培养孩子的责任。

大家熟知的奥运冠军谷爱凌，尽管在单亲家庭长大，但其母亲谷燕却从来没有减少对她的爱，也正是因为母亲的爱，谷爱凌成长为一个阳光开朗、热爱运动的奥运冠军。

> 小芳是一名教师，在儿子小学一年级时离婚了，她带着儿子独自生活。前夫离婚后很快再婚，但小芳一直没有遇到合适的对象。直到儿子读初二时，小芳经朋友介绍认识了小林。小林是一名工程师，也是离婚后独自带着儿子生活。目前，他的儿子已经上大学了。两人感觉挺合适的，认识半年后就结婚了。两个儿子也很认可他们的结合，与他们也相处融洽。所以，离婚后，只要父母主动承担责任，也可以将孩子培养成为身心健康的人。

四、离婚时多为孩子争取利益

一般来说，经济独立的女性更难以忍受不幸的婚姻，因为她们不会为子女的抚养费用为难。但如果女性收入有限，当离婚成为迫不得已时，女性要尽量为自己和孩子争取应有的权利。如果无法协商获得合法权益时，可请求法律援助，保障孩子的利益，将对孩子的伤害减到最低。如果男人背叛婚姻，女人至少在离婚时为自己和孩子多争取一些经济利益。

五、孩子抚养权的处理

除了法律规定的情形外，一般情况下，离婚时女孩最好随母亲生活。如果父亲的各方面条件更有利于孩子的成长，也可以选择和父亲一起生活，但一定需要考虑父亲的人品。

如果父母都有责任感，人品也可靠，还擅长教育孩子，那么离婚时以最有利于孩子成长的环境为佳，单独与父亲或母亲生活都可以。任何一方都不能以孩子来要挟或报复对方，做出不利于孩子成长的决定。

第三节 离婚后的心理调适

距离离婚一年多了，小王还是不能走出痛苦的阴霾。每次打电话，听到她痛苦的声音，我都心疼。她是一个像瓷娃娃一样单纯、可爱、漂亮的女人。她还是很爱她的前夫的，但前夫已经和别人结婚了，而且他的现任还怀孕了。

她后悔当初结婚时不该说不要孩子，而丈夫又非常渴望有自己的孩子。然而，当她决定为丈夫生一个孩子时，丈夫已经不着家了。因为丈夫失踪了半年，她只好用自杀的方式让丈夫现身。当丈夫送她到医院后，说："你的爱太可怕了，我们离婚吧！"一听这话，她仿佛五雷轰顶。但她又觉得是自己造成了这一切。因为爱，她最终选择放手。她不愿意看到丈夫和她在一起那么痛苦。"我不能给他幸福，但我可以给他自由。"

离婚时，她什么也没要，把当初和丈夫一起添置的房子、车子、票子都留给了丈夫和他现在的女人。至今，这个男人还是她感情的全部，她依旧无法走出过去的阴霾。

每天我会面对不少像小王一样纯情的女人，把爱情当成生活全部的女人，把爱的男人当成自己的生命！失去爱情，她们的生活就失去了意义！她们无心工作、学习和正常生活。她们感到孤独、寂寞、痛苦和无聊，甚至认为活着都失去了意义。

然而，她们不知道的是，离婚并不是生活的结束而是生活的重新开始。抱着过去，只会让你一蹶不振，不如放过自己，改变自己，让自己踏上一个新征程。

放弃过去，一切从头开始。已经离婚了，就要从头开始，把以前的一切都丢掉。人生最重要的是现在，而不是活在过去。过去的就让它过去吧，未来的暂时不要多想。面对现实，不怨天尤人。

试着学习独立生活。既然已经离婚了，就要学习再次独立生活。现在有的是时间做自己以前喜欢的事，慢慢欣赏自己，看自己喜欢看的书。

不断调整好心态。离婚后，要调整好心态，处理好婚姻破裂的问题。做到离婚后，两人互不干扰，不要再和对方牵扯不清，否则会影响到以后的生活。

要记得总结离婚的教训。离婚后，要总结这次婚姻失败的教训，把这次失败当成成长的一个阶梯，从而学会在以后处理感情问题时，用理智指导感情。

一、离婚后的不良心理

离婚割断了旧的婚姻关系，这并不意味着痛苦从此一去不复返，一些人反而会在离婚后会产生一些不好的心理，如自卑、孤僻、仇恨、痛苦、畏惧、后悔、悲伤、抑郁等。

如果离婚后，长期处于失眠和痛苦之中，又无法自我调整，那么要考虑是否患有抑郁症。如果是重度抑郁症，常常有自杀的念头，甚至会采取自杀的行为，那么需要住院进行治疗。在药物治疗的同时，要进行心理治疗。

二、离婚后的心理调适

（一）离婚后经历的阶段

不管出于何种原因，离婚后都会存在着一定的心理障碍，都要经过一段时间的心理调整才能逐渐走出痛苦。一般来说，离婚后会经过三个阶段：不敢坦然面对离婚的事实、自卑封闭期和抑郁期。

（二）离婚后的心理调适

一个人对婚姻的成败要有一个全面的认识，成功的婚姻不是仅仅依靠一个人的努力，还会受到很多外在因素的影响。因此，离婚是一个正常的现象。离婚者要正确看待离婚，尽快走出痛苦的阴霾。

面对离婚后的心理不适，我们可以采用11种方法进行疏解。

1. 倾诉

述说就是一种缓解压力的方式。因此，离婚后，可以向最信任的亲朋好友诉说。他们的劝说、安慰、鼓励会帮助你度过艰难的日子。当然，你也可以通过写日记的方式，把心中的苦水写出来，排解心中的烦恼。

2. 多读励志类书籍

通过读书，提升自我，改变对人生的看法。尤其是我做心理咨询工作时间久了，才慢慢发现每个人都会经历痛苦和磨难，只是每个人经历痛苦的时间、事件不同而已。人生不如意十有八九，每个人都有属于自己的不幸或不如意。通过多读书，特别是励志书，多学习，从书中找到榜样和力量，从而勇敢、坚强、乐观、积极地去面对一切。

3. 学会放弃和遗忘

要宽容大度，努力忘掉痛苦的往事。离婚之痛就像一块巨大的石头，如果一直背在身上，就会越来越重，所以继续前行，就要轻装上路，就要卸掉身上的那些石头，忘记过去。人生很短，不要总记着痛苦的事。

4. 巧用暗示的力量

当你不开心或痛苦时，对着镜子一遍又一遍地对自己说："一切都会过去的，你一定会越来越好！""你今天很棒，也很漂亮！""这点小事怎么会打倒你。不要为打翻的牛奶哭泣！""从哪里跌倒就从哪里站起来，你是好样的！"或是直接用行动暗示自己，如化个美美的妆，穿上漂亮的衣服，买一束美丽的鲜花送给自己，让自己高兴起来。

5. 充实自己，让自己忙碌起来

不开心时，千万不要待在家里。白天你可以拼命工作，不让自己闲着胡思乱想；回家后，多做家务，把家收拾干净，然后做一些好吃的，让自己吃得开心；晚上读一本感兴趣的书，如果不想看书，你也可以约朋友去唱歌、跳舞、喝酒，前提是不过度放纵自己，以免伤害自己的身体。

节假日或休息时间，你可以联系久违的朋友，主动打电话问候他们，主动帮助需要帮助的朋友，从帮助别人的过程中找到快乐和满足。

6. 用运动等方式让自己快乐起来

运动会分泌快乐激素，所以当你无法静下心来做事时，不妨去跑跑步、健身、游泳等。如果条件允许，可以去旅游，不仅能分散你的精力，还能开阔你的视野，陶冶情操，而且一路上所见所闻，可以在增加见识的同时改变你的很多想法。看到不同的人和事，对人生有新的感悟，从而改变自己的心情。

7. 确定可实现的人生目标

无论遇到多大挫折，因为还有没有实现的目标，所以要好好地活着。活着就是为了让我们实现自己的人生目标，成为对社会有贡献的人。在不同阶段可以设置不同的目标，这样才不会迷失自己，也不会失去活着的意义和价值。

8. 建立正确的生活信念

每一个走进婚姻的人都抱着对婚姻的美好憧憬，但不是所有感情都能以圆满结束。如果婚姻之路依然走到了岔路口，那就坦然接受一切。当然，这并非说起来那么容易，毕竟离婚不是小事，毕竟我们曾付出了全部。但即使再难，也要告诉自己婚姻不是生活的全部，接下来的路还要继续走，生活的信念不能丢！我们可以参考学习以下三个建议。

第一，接受过去。

很多人在离婚后都会觉得生活一下子陷入了泥沼，很长时间都无法自拔，意志消沉。但我们要知道，婚姻不是人生的全部，一段失败的婚姻也是人生路上经历的某件事情，无所谓对或者错，继续向前还会有风景出现。所以不如放下心结，坦然接受这个现实，生活的重点在未来而不是过去！

第二，规划未来。

离婚后，大多数人都会在一段时间内对未来感到迷茫，不知道往后的日子该如何度过。与其得过且过地混日子，不如早些规划自己的未来，既可以是事业上（全身心投入工作，争取更好的业绩），也可是身体上（减肥、健身或者练习某种体育项目）。不管怎样，人生不能止步于此，好好地规划自己未来的人生，想想自己的工作，想想自己的家人，做好准备，从头开始！

第三，爱护自己。

好好爱自己，是最好的生活信念。岁月让人慢慢变老，而离婚让人更加神伤。历经种种磨难，更要对自己好一点，买一件漂亮的衣服，多一点时间跑跑步，努力学习提升自己，这些都是爱自己的方式！

婚姻不是人生的终点，结束一段婚姻也不意味着人生的美好就此结束，好好经营生活，未来依旧很美！

9. 学会自己找寻快乐

快乐要自己寻找，不要依赖别人。当我们痛苦时，要主动接触人和认识人，安排好自己的生活。人生最值得信任的朋友是自己，所以，要把握生活的主动权，不要让别人牵着自己的鼻子走。

10. 学会爱自己

每个经历不幸或命运坎坷的人，不论是婚恋挫折、另一半外遇变心，还是疾病缠身或家庭发生变故、孩子出现意外，我们要学会把握自己的人生，要用心爱自己！爱自己的身体、爱自己的健康，这样我们才有足够的能力去爱他人！只有学会爱自己，才能更好地管理自己的情绪、管理自己的胃口、管理自己的生活方式，我们才能管理好自己的人生！

11. 寻求心理咨询

离婚后如果长期无法调适自我，处于痛苦、抑郁无法自拔之中，特别是有强烈的自杀念头或行为时，需要寻求专业心理咨询或心理治疗。通过心理咨询师或心理医生的帮助，走出离婚的痛苦。

第四节　单亲家庭的教育

那些充满恨和抱怨的家庭，那些不断地责备和愤怒，无法让孩子真正平静下来，也无法给孩子提供健康成长的土壤，所以不要说为了孩子不离婚，而是不离婚你们是否能给孩子一个温暖的家庭。如果无法给孩子一个温暖的家庭，也许离婚对孩子的成长更有利！和谐的家庭并不是父母必须一起生活，而是父母都能给孩子爱，家里温暖而平静。家庭不在乎父母是否健全，而在乎家庭是否有温暖和关爱。孩子是否享受待在有爱的家里。如果离婚后能做到善待孩子，那么比起天天争吵、打骂的不离婚家庭，离婚更有利于孩子的成长。

一、亲人可以弥补孩子缺少的爱

一个学习心理学的朋友说，她之前无法从原生家庭的伤害中走出来，总认为从小缺爱导致她不是一个正常人。直到一天她读到一段文字，说一个人即使从小没有从父母那里获得充足的爱，但如果身边其他亲人或者朋友给予的爱取代了父母之爱，也可以弥补原生家庭的父母之爱。由于某些心理学的书籍过度强调儿时的依恋关系对孩子造成的不良影响，过分强调原生家庭的伤害，导致从小缺少父母关爱的孩子总无法从原生家庭的伤害中走出来。但孩子如果与爷爷、奶奶、外公、外婆或者姑姑、舅舅等有很好的依恋关系，也可以取代父母的爱，这种关爱不是仅仅由父母作为唯一的提供人，其他亲人也同样可以提供足够的爱。因而，只要在幼年获得足够的关爱，就可以健康成长。

因此，这个朋友说，她明白这个道理的那一刻释然了，虽然是留守儿童，但奶奶给予她很多的爱。奶奶的爱让她的人生充满了温暖和幸福，她不再渴求弥补父母的爱，而是重新审视自己，不再活在缺失父母之爱的失望和痛苦之中。

某些书籍过度解读或者放大了父母的爱，把原生家庭对孩子的爱仅仅局限在父母的关爱上。当然，如果能获得父母更多的关爱，对于每个孩子来说是最好的。如果客观条件限制或者父母为了生计只能缺位，孩子无法从父母那里获得足够的爱，但如果其他亲人给予他们足够的爱，他们一样可以健康成长，因为每个人都有自愈能力，就如树木一样天生向阳生长。

二、允许双方或祖父母（岳父母）探视

有些人离婚后带着仇恨，不允许前任或者他们的长辈如爷爷、奶奶、外公、外婆看望孩子。首先，法律给予了父亲或母亲探视权，此外孩子和父母以及爷爷、奶奶、外公、外婆有血缘关系，是割舍不了的。为了一己之私，不让另一半或者长辈探望孩子，是对孩子不负责任的表现。

王力离婚后，5岁的儿子归他抚养，妻子每个月可以来探视

一次。但是，妻子搬走后，王力想起与妻子离婚前两个人经常吵架的场景，气愤不已，于是就想方设法不让妻子探视。

尽管儿子总是哭着喊着要妈妈，但他就是不为所动，一直哄骗儿子说妈妈各种坏话。每次拒绝妻子的探视要求后，他都自鸣得意地想：哼，现在我看你还怎么跟我厉害！

让王力没有想到的是，儿子却变得越来越不正常，不仅不开口说话了，还在幼儿园里不断地和小朋友打架。老师建议王力带孩子看心理医生，医生告诉他问题就出在了孩子见不到妈妈上。王力听后，后悔不已……

三、单亲家庭也是正常家庭

家不在乎大小，也不在乎人是否多。不能说离婚后的家庭就不是正常家庭，就算单亲家庭，如果其中有爱，也是正常家庭。

现在，离婚、再婚，父亲或母亲一人由于各种原因死亡的单亲家庭不在少数。是否这样家庭的孩子就一定不健康，心理就有问题？这与父母的教育有关。

有一个女学生，父母在她初一时离婚了，但她非常健康。父母离婚时征求她的意见，她说："你们感情不好，我不勉强你们必须得在一起，这对你们也不公平。你们自己决定，我没有意见。"父母离婚后，各自再婚时，又问她是否有意见。她说："你们只要幸福，我就没意见。"虽然父母离婚了，但他们很尊重她，依然爱她，而且，父母都不说对方的坏话。她说她的父母实际上挺相爱的，就是两地分居才出现了很多问题，她理解他们。后来，她恋爱了，也征求父母的意见，父母能与她很好地沟通，并给她一些建议。虽然父母离婚了，但她很快乐，父母也很爱她。

另一个女学生，父母离异后，因为父亲与他们家的保姆结婚，所以，母亲非常恨父亲。女孩和母亲生活，母亲却天天和她说父亲的坏话，尽管她读书的费用和生活开销都是父亲出的，但她从不叫父亲，见面时还经常辱骂父亲，最后，这个女孩早恋，初中没有毕业就辍学了，抽烟、酗酒、打架，最终成为问题少女。

离异家庭如果教育不一样，结果也会不同。

即使父母健在的完整家庭，如果父母教育失当也会伤害孩子。有个学生说，她父亲好赌、好喝酒，喝醉了还经常打母亲。父母感情不好，她不理解为什么父母不离婚？他们天天打架，家不像家，有家还不如没家。所以，离婚不是造成孩子不幸的原因，而是离婚后是否能像正常家庭一样对孩子负责任。

女儿读小学时，她的同学说，谁的父母离婚了，就嘲笑他们很可怜，说爸爸妈妈离婚不要他们，因此，班上那些离异家庭的孩子都很自卑。初中女儿去了上海，同学中父母离婚的较多，但只要父母很爱他们，同学还挺羡慕他们，并没有因为父母离婚就嘲笑他们。所以，他们也能理解父母离婚是因为他们的感情不好，而不影响他们对子女的爱。

婚姻指导课上，一个女学员问从小在家庭中获得爱比较多的孩子将来是否一定会比较幸福。我认为爱要适度，过度的爱会害了孩子，过少的爱也会伤害了孩子。特别是单亲家庭，家长不要因为离婚觉得亏欠孩子而过度溺爱，也不要将孩子看作负担而冷落孩子。只要能给予孩子适度的爱，同样能培养出身心健康的孩子。

因此，家不在乎大小，人数的多少，而是家里是否充满了适度的爱！单亲家庭也是正常的家庭，不要因此感到自卑或与他人不一样！

四、单亲家庭可以培养成功的孩子

中央十台《家庭》节目中介绍了《辛绍华和三胞胎女儿》的故事。

> 1989年，辛绍华在天津生下三胞胎女儿。1996年，三个女儿读小学时，辛绍华下岗，后因夫妻矛盾离婚了。此后，她担起了三个孩子的养育任务。每天，她早晨4点就开始送牛奶，一直到8点；9点到菜市买菜，她开始准备中午的快餐；中午她卖快餐，12点回家；下午2点，她开始做钟点工。每天连轴转，她靠自己微薄的收入，维持着一家四口人的生活。她们挤在一个20多平方米的房子里。
>
> 后来，三个女儿同时考上了大学。这是辛绍华最快乐的一天！可以想象这么多年，辛绍华是多么不容易！看着这三个快乐、开朗、健康的女儿，谁也不会相信她们是单亲家庭的孩子！

类似的报道很多，虽然不容易，但她们用自己的坚强和毅力，让这些孩子健康、快乐地成长。通过她们的努力，这些孩子也能快乐成长。

因为有了单亲家长无私的奉献和全身心的付出，才让这些单亲家庭成长的孩子拥有了幸福和快乐！现在，很多健全的家庭养育一个孩子都感到非常艰难，可辛绍华却要养育三个孩子。这位母亲没有再婚，她把全部的心思和爱都给了孩子，而孩子健康成长就是对她最大的回报！

有些人对单亲家庭抱有偏见，误以为单亲家庭成长的孩子就一定有问题。的确，单亲家庭的孩子可能出现的问题比较多，但并不是说单亲家庭就一定不能培养健康优秀的孩子！

社会和学校要有足够的宽容度，理解不同的家庭有不同的生活方式。只有人性化的思维，才能维持社会的和谐和促使时代的进步！家并不在乎房子是否宽敞，也不在乎人口的多少，哪怕是一个人、两个人依然可以叫"家"，只要这个家有温暖、有亲情、有爱！我们应该抛开对单亲家庭的偏见，让这些孩子不要生活在学校或社会舆论的压力之下。只要这些单亲家庭的父亲或母亲不要因为经济困难或生活压力而悲观，如果家长人格健全、心理健康，能以积极、乐观的心态影响孩子，孩子一样可以健康成长。

无论你是单身的父亲还是母亲，相信自己有能力培养健康的孩子！不要给自己过大的压力，不要过于在乎别人的眼光，家长的心理健康是培养孩子心理健康的保证！

不要自卑自怜，不要期待别人的同情和可怜，只有依靠自己，别人的帮助才有用！只有你足够坚强和自信，有足够的安全感，你才能为孩子提供榜样的力量！要相信自己有能力为孩子撑起一片晴朗的天空，相信自己的阳光一样可以照亮孩子的心灵！

五、单亲家庭教育的智慧

父母都在身边的孩子固然是幸福的，因为有爸爸妈妈的双重陪伴，既能享受到母亲的温柔，也可以享受到父亲的厚重。但是，并不是每个家庭都能一直保持完整，当婚姻出现裂痕，最无辜的孩子往往受伤最深。对于年幼的孩子来说，家庭的破裂对他们的伤害往往比父母所受的伤害更大，这样的孩子往往会变得敏感、脆弱、情绪自我调节能力差，残酷的现实会让他们滋生出自卑、焦虑、逆反、悲伤的情绪，甚至患上抑郁症。

因此，对于单亲家庭的孩子，在教育上需要更加用心。特别是抚养孩子的一方，一方面要承受婚姻破裂带来的伤痛，另一方面要面对一个人抚育孩子的艰辛，其间需要付出的辛苦可想而知。但不管怎样，孩子仍然是父母血脉的延续，父母仍要竭尽全力为了孩子努力改变，甚至需要额外多学习一些育儿方面的知识。只有这样，才能最大限度地弥补家庭的不完整给孩子带来的缺憾和伤害。

（一）离婚后保持积极乐观

有些父母在婚姻失败后会自暴自弃，对生活充满种种怨恨，甚至怪罪于无辜的孩子。单亲家长一个人几乎要承担生活和孩子的所有问题，固然不容易，既然事已至此，就要坦然接受，并为了孩子而放眼未来，勇敢、坚强地继续生活下去，努力丰富自己的生活，让孩子在自己的身边可以快乐地成长。

另外，单亲父母需要更加努力地工作，给孩子力所能及的物质生活，丰富孩子的精神世界。只有父母自己积极乐观地生活，孩子才能看到生活的希望和美好，才愿意积极努力，才能成为一个身心健康的孩子。单亲家长的快乐情绪可以带给孩子满满的安全感和归属感，使他们有信心、有力量去寻找人生全新的一页，创造更美好的生活。

此外，单亲父母可以引导孩子积极参加集体性的社会活动，以缓解孩子压抑的心情，培养其积极情绪和优良性格。比如可以定期带孩子参加一些家庭聚会、运动活动等，让孩子尽快从家庭变故的悲伤中走出，逐渐培养开朗自信的性格。

由于前夫好赌，小惠选择了离婚，并努力争取到了孩子的抚养权。有人说，小惠太傻，一个人生活再带一个六岁的孩子，生活肯定十分艰难。但是小惠却说，既然离婚了就说明自己的生活要有新的开始了，什么也不怕，只要自己肯努力，还能养不活孩子吗？

果然，小惠并没有像其他离婚者那样自怨自艾，而是找了两个兼职，虽然辛苦，但是时间自由，她可以按时接送孩子上下学。每天晚上和孩子一起吃晚饭，陪孩子写作业，并一直鼓励孩子遇到困难不要退缩，不管多难，太阳都会照常升起来。

在小惠的陪伴和鼓励下，孩子也渐渐开朗了起来，学习成绩连续几年都是名列前茅。后来，还顺利考上了大学，参加了工作，并成为整个部门最受欢迎的人。有人问孩子是什么力量让她总是保持积极乐观？她说："妈妈告诉我，过去的事情过去就好了，没有什么能比得上开开心心地努力生活。"

不得不说，小惠是一个懂得生活的人，不仅自己没有因为离婚而变得消沉，还把孩子教育得阳光开朗。

（二）不要在孩子面前说另一半的坏话

孩子对父母都有感情，所以不要在孩子面前讲另一半的坏话。即使另一半是导致离婚的过错方，也没必要讲对方的坏话。离婚说明双方感情不和，但孩子是无辜的，应尽量维护对方在孩子心目中的形象。

有些女性因为前夫外遇离婚心中不平衡，把对另一半的仇恨讲给孩子听，在孩子面前贬低对方，在孩子心中播撒仇恨的种子。这会影响孩子与对方的亲子关系，也可能导致孩子对婚姻产生恐惧，将来他们到适婚年龄会不希望恋爱和结婚。所以，如果两人离婚了就要翻篇，把过往丢进垃圾桶重新生活，不要刻意在孩子面前贬损对方。如果对方人品有问题，孩子长大后会有他们的判断，不需要家长人为地制造亲子矛盾。

离婚后不要因此成为仇人，更没必要故意贬损或诋毁另一方，而要努力培养孩子与对方的关系。离婚了也要友善地对待对方，在孩子面前多说另一方的好话。

> 调解室来了一个30多岁的男人。八年前，他抛弃妻儿无端地离家出走了。他乘车离开时，年幼的儿子拼命追他，哭喊着不让他走。那时，他和他爱人因为太年轻，没领结婚证。八年后，这个男人认为自己有能力补偿妻儿了，便想回归家庭。但此时此刻妻子有了新的感情，不会与这个男人和好。但男人希望女人能帮忙做一下儿子的工作，让儿子接纳他，因为儿子非常恨他，不愿意和他接触。由于孩子的心里一直充满着仇恨，性格也很暴躁，在学校连一个朋友也没有。

这个男人八年音讯全无，也没尽到父亲的责任，但他和儿子的血缘关系不会因此割舍，所以，如果这位母亲愿意放下过去，努力打开儿子的心结，帮助他们修复父子关系，在得到父爱后，儿子也许能变得好起来。毕竟，多一份疼爱，孩子的心里就多一分温暖。

（三）不要认为离婚后孩子很可怜

> 李帅父母离婚后，爷爷、奶奶和外公、外婆都认为他很可怜，对他疼爱有加，什么事都宠着他，溺爱他，含着怕化了，举

着怕吓着，这导致他很胆小。小学二年级上学迟到后，他怕老师批评不敢进教室，因而逃学。学校通知家长后，继母在网吧找到了他。回家后，继母对他说："你外公外婆都认为父母离婚后你很可怜。你怎么可怜了？别人只有一对父母爱他，你有两对父母爱你。你说谁对你不好，谁不善待你？你怎么就可怜了？"继母又告诉他，他们对他的爱并不少，父母离婚并不是他可怜的理由。他和别人一样，就算有的家庭父母没有离婚，但他们也可能并没有得到像他这样多的爱。不要认为父母离婚了，他就很可怜。这件事后，李帅变了，变得不再胆小怕事，因为继母把他当成和正常家庭的孩子一样，并没有因为离婚就认为李帅很可怜、低人一等，而是特别关照和爱护他。最终，李帅顺利地考上了理想的中学和大学。大学毕业后，他很快就结婚生子了。

一些家长认为父母离婚了孩子很可怜，因而特别对待孩子，尤其长辈对孙辈更加溺爱，好像父母离婚了就亏欠了孩子。现代社会，离婚并不是小概率的事件。离婚只是夫妻感情不好选择分开，只要双方能处理好离婚后养育孩子的事，离婚不会不利于孩子成长。孩子不会因为父母离婚而低人一等或者很可怜，所以父母或者长辈要改变错误的思想。

如果夫妻天天吵架、打架，不能给孩子提供一个和谐、温暖的家庭环境，即使不离婚也会影响孩子的健康成长。

（四）别让孩子为你的不幸买单

一个女生对亲生父亲充满仇恨，对母亲充满了内疚和自责自罪感。她说亲生父亲重男轻女，由于不是男孩，她出生后父母就离婚了，此后父亲音信皆无。母亲再婚后又添了一个妹妹，但继父不愿意母亲带着她，所以再次选择了离婚。母亲为了抚养她，只好将年幼的妹妹给了继父。因为担心再找个男人又不愿意抚养她，所以母亲没有再婚，而是单独抚养她。

母女生活不容易，也没有亲生父亲的消息。母亲经常在她面前说因为她是女孩，所以母亲才一再离婚。虽然其间继父也希望母亲回去，但提出不要她和母亲一起过去，只愿意母亲单独过去。为了她，母亲放弃了对小女儿的牵挂，和她单独生活。在她心中，母亲是最伟大的人，父亲却是个十恶不赦的人。她认为是她造成了母亲的不幸，她是一个罪人。为此，她感到非常内疚，不和人交往，性格孤僻，对亲生父亲充满了仇恨。她整日生活在内疚和仇恨中，十分痛苦。

我没见过女孩的母亲，也不知她父亲和继父是怎样的人，但我不认为母亲的不幸都是因为生了这个女孩造成的。母亲从小给女孩灌输这样的观念让女孩认为她是扫把星，是她给母亲带来了不幸。如果她是男孩，母亲就不会如此痛苦。也因此，她对亲生父亲充满了仇恨。

亲生父亲多年来没给抚养费，也没来看望她，这是亲生父亲的不对。但女孩母亲不应该将再婚后又离婚等一切过错归于女孩，这是十分不妥的。

一个男孩的父母离婚了，他和哥哥都被判给了母亲。但由于父母都非常忙，所以，他从小由奶奶带大。奶奶70多岁，不仅要做家务，还要干农活养活他，所以，奶奶很难照顾到他。他说，小时候经历了太多的不幸，被开水烫到下身，体无完肤，好在没烫到脸和上身。他还被火烧过，幸亏没有烧成残疾。但由于体表严重烫伤和烧伤，他小时候经常被其他小伙伴取笑或责骂。这样的痛苦，他无人倾诉，只能深深地埋在心中，同时也造成他自卑、自闭，不与人沟通。初中住校后的他无法和同学相处，想辍学外出打工，但又苦于年龄又太小。他感到十分痛苦。

父母既然决定生下孩子，就应努力承担抚养孩子的责任，而不是离婚后不管孩子，或将年幼的孩子丢给老人抚养。比如那个从小被70多岁的奶奶带大的男孩，因为奶奶无法全身心照顾他，造成他儿时被烧伤、烫伤，导致下身大面积伤疤，并因此被年幼的同伴取笑造成自卑自闭的个性。而他的哥哥，终日沉迷于网络世界。他和哥哥都有心理问题，而他的父亲仅仅是每月不定期给一些抚养费。

有些孩子因为父母离婚，他们十八九岁外出打工后交上一些社会上的闲散人员，染上不良嗜好，抽烟、酗酒、打架、逛夜店，有的甚至走向犯罪道路，所以这些被父母抛弃的孩子往往容易成为问题孩子。

因此，每个决定生孩子的人都应该承担自己的责任，不要将自己生活的不幸归结于孩子。就如那个不幸的母亲，她离婚后再婚再离婚，而她将所有的原因都归结于她生下的第一个女儿，让她的女儿从小生活在对父亲的仇恨和对母亲的愧疚中。这样的孩子又怎能健康成长呢？

孩子需要成人的呵护，他们应该是天真无邪的，适当的年龄做适当的事，孩子就该享受他们的天真无邪，应该得到父母的关爱和呵护。所以，父母应该做好了愿意承担和有能力抚养和教育孩子的责任后再生育孩子。孩子没要求把他们生下来，当没做好准备时，请不要生下他们，更不要让他们为家庭的不幸买单。

我们的确常常听到离婚的母亲或父亲对孩子抱怨，说"要不是你，我怎么会离婚"，或者也会听到他们说"要是没有你，或许就不会走到这一步了"。的确，在一些夫妻离婚案件中，夫妻双方也会因为孩子的问题发生争执，甚至最后以离婚收场。

但是，作为成年人父母，绝不可以把离婚的责任推到孩子身上。要知道，一个小孩子的到来首先是大人有了做父母的意愿，自己没有做好父母的职责，怎么可以抱怨孩子呢？夫妻离婚，对孩子的打击丝毫不亚于父母本身，如果孩子还经常被父母抱怨，那么他们幼小的心灵往往会因承受不住而走上错误的道路，比如交一些行为不端的朋友，染上不良习气，或者心理出现抑郁等问题走上极端都是可能的，父母切不可等到那时再追悔莫及。

孩子小的时候，常常对我们的话语无力反驳，但不代表他们心服口服。有些孩子会因为父母的抱怨而记恨父母一生，使得两代人都生活在不融洽的氛围里。

很多不幸的人，都爱抱怨命运的不公、抱怨孩子不争气、抱怨上司不提拔……他们认为一切都是别人的错，他们永远都是正确的，却从来不找自己的原因。因此，他们一生过得很痛苦。

学会为自己的不幸买单，学会从自身寻找原因，学会为自己的快乐负责，这样的人生才能给予你想要的幸福和快乐！

（五）单亲家庭更要培养孩子的财商

很多离婚后的家长都很注重对孩子学习成绩上的培养，自己拼命赚钱希望孩子将来过得更好一点，却忽略了对孩子的财商培养教育。但是，单亲家庭的孩子由于家庭成员的不完整性常常使得孩子感觉生活和精神上的某种缺失，而如果家长能够注意对孩子财商方面的培养，则可以在某种程度上予以弥补。

（六）单亲家庭的性教育

带着女儿生活的单亲母亲，要多一点警惕，多一些防备。在和异性交往时，不要单独让女儿与成年男人在一起，即使这个男人是你的男朋友或再婚丈夫，也要多一份防范。

单亲家庭的父母要尊重孩子，特别是异性父母与孩子单独生活时，更应注意。孩子到了一定年龄要和孩子有身体界限，不能随便越界。要尽早和孩子分床睡，不要等到孩子十四五岁后才与孩子分床睡，这不利于培养孩子的独立性，也不利于孩子形成对自己身体的保护意识。

（七）多陪伴孩子

周末或节假日，平日不与孩子生活在一起的另一方应主动联系孩子，创造各种机会多和孩子接触。离婚只是夫妻感情的破裂，对孩子的爱不应就此割裂。除了承担经济责任，也应抽出时间陪伴孩子成长，不要因为离婚而减少了与孩子的接触时间。

现代社会离异家庭越来越多。离婚后，只要父母能共同承担起教育孩子的责任，关爱孩子，给予孩子足够的爱，也可以培养一个身心健康的孩子。所以，父母不能因为离婚就不管教孩子，对他们不闻不问，而是要抽出更多的时间来陪伴孩子，让孩子感觉到即使爸爸妈妈不在一起生活，他们对自己爱也不会减少。

（八）爱才能消除离婚给孩子留下的阴影

心理学专家通过调查研究表明：夫妻离婚会对孩子产生短期的消极影响，导致孩子在这段时间内出现焦虑、愤怒等不良情绪；同时，由于家庭关系的变化会导致孩子缺乏安全感，这会让孩子更容易产生逆反心理，并伴随着做出某些破坏行为。

如果离婚后，孩子无法得到及时和足够的爱护，就会延长这个时间，孩子受到的影响也更大，甚至出现无法挽回的错误。但幸运的是，离婚后如果孩子得到足够的关爱，会大大缩减这一过程，也会使这一过程所产生的负面影响大大降低。因此，单亲家庭的父母一定要对孩子多加关注，呵护好他们幼小的心灵，用父母的爱来消除离婚带给孩子的负面影响。

单亲家庭的家长可以多与孩子拥抱，或者其他的肢体接触，多跟孩子沟通，无论什么事情多交流才能多了解孩子的想法，用语言和行动让孩子理解什么是爱。当孩子感受到了爱的力量，就会学着理解家人，理解同伴，也会慢慢地理解自己。当有一天，孩子面对他人的恶意时，就拥有了抵御的力量，从而不会轻易崩溃，他也会懂得如何抚平自己的创伤，继续走下面的路。

当然，并不是每一个离婚家庭的孩子都会出现缺爱的种种表现，如果孩子对父母的离婚有足够的心理准备，或者离婚后父母对孩子的爱护依旧完整，孩子可能很快就渡过了不适应期，也不会给孩子带来太大的影响。但是，也会有一部分孩子受到的影响比较大，出现比较严重的心理问题，仅仅依靠单亲家长一个人的力量可能无法让孩子的思维回到正常轨道，这时一定要借助专业的心理疏导来让孩子早日摆脱离婚带给孩子的心理伤害。

第七章

再婚的勇气

> 离婚后产生新的恋情可能夹杂着新旧比较、担心、猜疑、防范、新奇、向往等说不明的情感,从而引来一些特殊的问题。因此,再婚关系比初婚复杂,需要经过一定的心理调适。

第一节　再婚之路不平坦

一、理解父母再婚

16岁的女孩来咨询，她说爸爸两年前过世了，妈妈、弟弟和她一起生活。最近妈妈想再婚，她和弟弟不同意，因为担心妈妈再婚后被男人欺负。经过多次讨论，他们始终无法达成统一意见。她和弟弟无法理解，妈妈为什么想再婚。她很难过，希望妈妈理解他们，不要再婚。现在，他们和妈妈之间的矛盾很大，彼此闹得很不愉快。她渴望能恢复到以前和妈妈之间亲密无间的关系，但又不知道该怎么做。

很多儿女在父母一方过世或父母离婚后，不希望母亲或父亲再婚，因为他们担心父母再婚后会减少对他们的爱。

有句话说："男女搭配，干活不累。"男人离不开女人，女人也离不开男人。健康的生活，需要男女组合在一起。婚姻的本质就是两个人抱团取暖，相互依靠、相互帮扶着向前走。马斯洛把人类的需求分为五个层次，从低到高分别是：生理需求、安全需求、社交需求、尊重需求和自我实现需求。这五个层次的需求是所有人都需要的，任何一个层次得不到满足，生活都会不圆满，甚至出现问题。而在一段良好的婚姻里，常常可以使多项需求得到满足。因此，再婚是再正常不过的事情，子女和家人都应该给予理解和支持。

  通过咨询，我希望女孩能理解母亲，尊重母亲再婚的想法。只是提醒母亲再婚需要慎重，再婚后要注意女孩的安全，并不是所有的继父都是孩子们安全的港湾。我告诉女孩，只有母亲快乐了，母亲才有能力给她和弟弟快乐。就好比我们给别人牛奶，必须自己先有牛奶一样。如果我们不快乐，又如何有能力给孩子快乐呢？

  女孩说，她和弟弟都希望妈妈快乐，也希望他们和妈妈能恢复以前的亲密关系。听了我的建议，女孩答应回去和妈妈好好谈谈，愿意尊重妈妈再婚的想法。

如果单亲母亲或父亲身心不愉快是很难培养出身心健康的孩子的。当我们连自己都照顾不好时，我们是无法善待孩子的。有些儿女反对父母再婚，通常有几种原因：一是认为父母离婚只是冲动，觉得父母冷静一段时间后仍旧可以复婚，这样还是一个完整的家庭；二是担心父母的财产会因为再婚而发生变动，导致父母最后人财两空。对于子女的这些想法，我们完全可以理解，因此可以看情况分析，如果父母已经分开较长时间或者父母对于离婚早有准备，那么说明两人感情确实已经破裂，子女也不必强求，而是让他们各自寻求自己的幸福才是最好的。对于后者，可以提醒父母在再婚之前将财务问题全部说明白，这样大家心里都坦然，再婚后也就不会因财产问题而生出不愉快来。

人类自始就是群居动物，与人共同生活也是人性的一部分。

我们要了解人性，在不违背道德和法律的基础上尊重人性，这有利于提高单亲母亲或父亲的生活质量，也会让再婚的母亲或父亲获得幸福，而母亲或父亲幸福也将有益于提高孩子的幸福指数！所以，如果母亲或父亲想再婚，请不要为难他们。孩子的支持会带给母亲或父亲双重的幸福！

单身母亲或父亲独自抚养孩子，他们需要承受各方面的压力。如果没有一个亲密的异性分享或探讨生活中遇到的难题，他们的思想和行为往往比较偏激，而且，单身父母独自抚养孩子时，很难像父母健全的家庭那样，形成尊重对方、凡事关注伴侣的感受，这样的家庭往往家长不太尊重孩子。在这样的成长背景下，他们的孩子也常常无法妥善处理和异性的关系，除非他们将来有幸遇到一个非常迁就他们的对象，否则，他们很难学会和异性相处。因为单亲母亲或父亲，他们习惯了凡事一个人做主，不需要和另一个人商量，也就无法让孩子学会尊重另一个人的思想和行为。所以，这样的成长环境不利于孩子形成良好的婚姻观念。

婚姻或多或少都会产生矛盾，但好的婚姻关系是善于妥协和迁就，善于宽容和接纳对方的缺点，但单亲家庭不需要迁就另一个人，所以孩子们无法从单亲母亲或父亲那里学习经营家庭的理念。所以，父母再婚不仅仅有益于他们自身的身心健康，也有益于孩子从父母那里模仿和学习经营婚姻的理念、行为。所以，孩子们，为了母亲，也为了自己，尊重他们再婚的想法吧！

二、选择未婚女性再婚要格外谨慎

之所以列出这个标题并不是对选择离异者作为结婚对象的未婚女性有所歧视，而是就婚姻问题进行分析而已。

我们前面也讲过，婚姻不是儿戏，也不是简简单单的花前月下，你侬我侬，而是柴米油盐、鸡毛蒜皮地过日子。而未婚女性通常对于婚姻抱有十分美好的憧憬，而再婚男士则已经经受过一次婚姻的考验，了解婚姻的本质，就可能无法满足未来妻子的种种浪漫想法，导致婚姻再次出现危机。

> 张帅离婚后，很快就有人介绍了一个未婚的比自己小九岁的姑娘。两人相亲后，姑娘觉得张帅人如其名，高大帅气，又比自己大九岁，一定知道疼自己，而且男人离过一次婚，也一定会更加珍惜第二次婚姻，自己嫁给张帅只等着幸福甜蜜地过两个人的浪漫日子就可以了。张帅对姑娘也很满意，工作不错，人也很温柔，不像前妻那样大大咧咧，一点也不讲究。
>
> 但结婚后，张帅很快就厌倦了。原因是这个小九岁的姑娘就像一个没长大的孩子一样，整天要张帅制造浪漫，一会儿说要张帅亲手为她拼高难度的人像拼图，一会儿要张帅必须在深夜12点时为自己送生日祝福，晚一分钟都要生气……家务活一点不碰，不管张帅多晚下班，灶台上永远放着没洗的锅碗瓢盆。
>
> 此时的张帅真是叫苦不迭。

选择未婚女子再婚还面临另一个现实的问题，就是再婚后的生育问题。很多人离婚前都已经有了孩子，有的甚至有了好几个孩子。但是与未婚女子再婚，就意味着两个人多半还会有属于两人自己的孩子。这样一来，两个孩子在家庭里的位置就常常出现不平衡，甚至引发可怕的后果。

前几年，江苏一对再婚夫妇就曾经发生了骇人听闻的悲剧。

男子张某离异后，带着八岁的儿子生活。后经人介绍，认识了未婚女子林某。两人相处期间，林某对张某八岁的儿子还不错，经常买零食给孩子。于是，没多久两人就结婚了。婚后一年，张某和林某的孩子出生了，也是一个儿子。有了自己的儿子之后，林某开始对大儿子心生诸多不满，总觉得原本应该全部属于自己儿子的财产会被大儿子分走一半，所以总是处处刁难。

孩子的奶奶看出了林某的心思，因此多次和林某为此发生争吵。林某于是对这一家人都产生了恨意，各种害人的念头总是在大脑里盘旋。终于有一天，张某不在家，孩子的奶奶再次和林某发生冲突，林某竟然将老人一把推开，大儿子见状也上前帮助奶奶，结果三个人扭打在一起。最终，奶奶被林某推倒在地，头部受伤严重，不治身亡；大儿子也在混乱中受伤……

三、再婚夫妻爱自己的孩子会超过爱配偶

"天网"栏目《妈妈去哪儿了》，说的是一个重组家庭。夫妻双方离婚后，各自带着一个男孩一起生活。原本生活也比较平静，丈夫认为妻子主动做饭照料家庭生活也不错，对妻子比较满意。但自从妻子的儿子读高中后，妻子过去陪读，照料儿子的生活，夫妻聚少离多。妻子儿子读高二那年的2月14日情人节，丈

夫邀请妻子回家一起过节,妻子也同意了。

妻子六点多钟回家,七点钟妻子接到儿子班主任打来的电话,说她的儿子今天没去学校。妻子着急了,于是准备去学校找儿子。丈夫以今天过节为由,希望妻子留下来陪他,并想与其发生性关系,但妻子找了个理由拒绝了丈夫。最终两人发生激烈的冲突,丈夫最终失手掐死了妻子。

再婚家庭如果双方各自有孩子,那么,妻子或丈夫对自己孩子的爱会超过对伴侣的爱。这并非自私,而是人之常情。

案例中的丈夫要求妻子爱他超过爱她亲生的儿子。不要说再婚,就是初婚,凭心而论,有多少人爱丈夫或妻子会超过爱自己的孩子呢?因此,选择再婚的人,一定要做好这方面的心理准备,每个做父母的人都会为了孩子放弃很多东西,其中也包括感情。

四、充分认识再婚的痛

有过一段失败的婚姻后,人们往往觉得自己有了经验和教训,在下一次婚姻中努力避免就一定会得到一段幸福美满的再婚生活。但让人遗憾的是,许多人发现再婚生活常常比第一次婚姻更加难以维系。所以,想要再次走进婚姻的人们,为了能让再婚生活圆满和谐,不妨对以下情况有一个充分认识。

第一是情感负担。虽然之前经历了一次婚姻失败,但俗话说"一日夫妻百日恩",即使分开,一般来说两个人也不可能完全断绝关系。可能会导致他们在新的婚姻关系中存在与前妻或前夫的比较,进而使得和现任之间缺乏信任和安全感,影响夫妻关系。此外,正是因为经历过失败的婚姻，他们可能会更加害怕再次经历，因此对婚姻关系的要求可能会更高。

第二是孩子。如果一方或者两方都已经有了孩子，再婚时则需要考虑如何与新伴侣及他们的孩子相处。有时，新伴侣可能不喜欢自己与前妻或前夫的孩子，或者孩子也可能不喜欢新伴侣。这些都可能导致再婚夫妻之间产生矛盾和摩擦。

第三是经济压力。再婚家庭中，由于双方都有可能带有子女，就需要为所有孩子提供支持和照顾，因此夫妻需要面临的经济压力将会更大。这也是导致再婚夫妻之间产生矛盾和摩擦，进而影响二婚的幸福生活。

总之，再婚可能并没有想象中那样简单，这些不可避免的困难和挑战表明再婚夫妻需要更加努力地经营婚姻关系。

五、有的继父母两面三刀

再婚夫妻，尤其孩子年龄很小时，有些继父母没有那么善良。配偶在家时，他们对继子女不错。当配偶不在家，他们单独和继子女相处时，往往不太友善。因此，再婚家庭，当年幼的孩子出现一些情绪问题或痛苦时，亲生父母要引起重视，否则，你的粗心大意可能会导致孩子受到伤害。

电视报道，一个小男孩因身体受到伤害而住院。在医院治疗时，大家看到继母对男孩照顾得很好。医生却感到非常奇怪，男孩每天都会出现新的伤痕。医生问他时，他也不敢回答。最后，当继母不在身边时，男孩才敢偷偷告诉医生，继母总会趁没人的时候伤害他。最终，医生报警后，继母才被抓了起来。而男孩的父亲及家人都说继母对男孩很好。实际上，继母经常虐待小男孩。

第二节　再婚经营之道

一、再婚时的心理调适

阿美离婚八年了，一直不敢再婚。她的一个离异女朋友和她说起了女朋友自己的经历。她说，当时和离异男友二人在民政局等号领结婚证，旁边正好有一对夫妻要办离婚。那对夫妻50几岁了。工作人员劝他们说："你们不要离婚了，都这么大年纪了。离了婚如果再婚，也不一定理想。有的离了一次，又离第二次、第三次。我们见多了，再婚的很多最后还是会来这里办离婚的。还是原配夫妻好，而且你们还有孩子。"女朋友说，当时真的很别扭，她正好是再婚，她和男友又都是离过婚的。听他这么一说，她都不好意思领结婚证了。

但阿美今年回了一趟老家，她对再婚有了新的认识，也有勇气考虑再婚，相信再婚一样有恩爱夫妻！她说，是她的亲人改变了她对再婚的认识。

　　一个是她堂姐。读高中时，堂姐是她的老师，比她大28岁，现在70岁了。她知道堂姐的婚姻很不幸。他们时常吵架，还经常把家里的东西砸得稀巴烂。

　　堂姐只有一个儿子，当时读小学。以堂姐的年龄完全可以多生几个孩子，但她只有一个儿子。因为堂姐夫妻二人长期吵架，儿子上课经常迟到。老师问他怎么又迟到了。他说："爸妈又打架了。"以至于全校都知道他的父母经常吵架。那样的吵架一直到阿美离开中学读大学。阿美的堂姐身高165厘米，不但人长得漂亮，课也上得很好。她带的班，学生多数考上了名牌大学。因为婚姻问题，阿美无法为堂姐骄傲，也从不敢去她家。作为学生，他们不能理解老师家庭也会发生打架的事。阿美觉得堂姐总和她丈夫打架是一件很丢脸的事。

　　这次阿美回家，再次看到堂姐，才知道堂姐退休后离婚了。现在有了新的家庭。她问堂姐过得好吗？堂姐说现在过得很好，很幸福。阿美说，那时他们整天吵架让她很难堪。堂姐说前夫没文化，无法和他沟通。再婚的丈夫有知识，和她年龄相当，也是离婚的。他们各自都有孩子，孩子也大了。两个家庭的孩子相处很融洽，对他们现在的结合也很满意。堂姐知道阿美也离婚了，也知道阿美至今没有结婚。她告诉阿美，再婚家庭也可以经营得很好，但不论找什么样的人做丈夫，一定要有三点：一要有上进心、责任心，对老婆和孩子要好；二要脾气性格好，因为性格很难改变，如果性格不好，相处时会经常吵架；三要不好色，生活作风严肃，一个男人如果花心就说明他人品不行，以后也会在生活中出现各种问题。

堂姐说只要男人真心爱女人，就算离婚的女人他也会好好珍惜。她过去的婚姻很不幸，吵了40年，退休后总算离婚了。再婚后，她和丈夫很相爱，彼此沟通也很好。她希望阿美不要害怕再婚。

阿美说让她更感动的还有表哥。表哥年轻时是省篮球运动队的，是一个非常帅气的男人，妻子不幸因病去世，留下两个才几岁的女儿。为了孩子，表哥没有再婚，直到孩子上初中。

后来通过朋友介绍，他认识了现在的妻子。她带了一个男孩过来和他一起生活，那时孩子才几岁。他们在一起很幸福。谁知命运再次让他痛苦不已，妻子的儿子19岁时因病死亡。妻子因为不能承受这个打击，精神受到了极大的刺激。而当时他正在一个集团公司担任要职，为了妻子，他向公司提出提前退休。领导不同意，他说："我第一个妻子病逝，让我的家支离破碎，有了这个女人，家才又圆满了。我不能让第二个妻子去精神病院，不能让家再次破碎。"领导被他感动了，只好同意了他的请求。当时这个职位是许多人梦寐以求的，但为了妻子，他认为钱和权力都不重要了。

表哥用了两年时间，陪妻子到全国各地旅游，精心照顾和开导妻子。这两年，他几乎没有回过家。因为只要在家里，就会勾起妻子对往事的回忆。而一触及往事，妻子就以泪洗面，无法平静。阿美问表哥，嫂子的病现在好了吗？他说，全好了。表哥说，他们现在生活得非常幸福。妻子对他比以前更好了。表哥告诉阿美，如果一个男人真爱一个女人，是愿意为这个女人付出一切的，甚至作出任何牺牲都不在乎。表哥要阿美相信：这个世界，还是有真感情、真爱的！哪怕再婚，也一样有幸福和美满的婚姻！他希望阿美能再次走进婚姻，不要因为离婚就不相信感情。要知道，这个世界一定有很多好人！

阿美被他们的故事打动了，也相信再婚的家庭一样会拥有幸福和真爱！她相信这个世界上还有许多像她表哥一样对家庭负责任的好男人！她说她现在对未来充满了希望，也相信即使再婚也能拥有美满、幸福的婚姻！她再也不惧怕再婚了！

心理咨询中常见的因再婚出现的心理问题有：与前夫（妻）比较后失望的心理、害怕再受伤害的恐惧心理、随意凑合着过的心理、多疑猜测的心理、嫉妒前夫（或前妻）的心理，等等。据不完全统计，再婚者又离婚的比率很高，可能与这些心理问题的处理不当有关。

准备再次进入婚姻的人除了考察对方的年龄、身体和社会条件之外，还有两点也需要深入了解：一，对方因什么而离婚？二，自己的心理准备或心理调整好了没有？为性，还是为爱？为自己，还是为孩子？如果没有准备好就轻率地再婚，那么再婚可能又一次演变为伤害。

如何克服再婚时的心理障碍？

首先，要反省第一次婚姻失败的原因，特别是从自身寻找原因。如是否在家庭中的角色扮演不当？是否过分自私自利，蛮不讲理？是否固执己见，沟通不畅？是否以过激行为来惩罚对方？

其次，总结教训，学习经营婚姻的方法。婚姻失败并不可怕，不幸福的婚姻解体是符合道德的，可怕的是不善于从第一次婚姻中总结教训，并学习经营婚姻的新方法。

再次，对再婚抱有合理的期待。特别是双方都有子女的重组家庭，婚姻关系会更加复杂，要考虑到继子女教育问题、与前夫前妻的关系问题、再婚后的经济关系等问题。例如，对双方婚前财产是否需要签订协议，对婚后经济的承担如何划分责任。婚前小人，婚后君子，为的就是防止因再婚准备不足，再次导致离婚的结局。

最后，必要时进行婚姻咨询或调解。再婚不易，不要轻率离婚。如果遇到矛盾，可以先通过心理咨询或进行婚姻调解。当婚姻产生矛盾时，往往是旁观者清。所以，借助外力，也许更能看到婚姻的真相和彼此需要调整、改变的地方，而不是一味地选择离婚的方法来解决问题。

人生很短，安稳才是幸福。所以，尽量挽救婚姻，不到迫不得已，不要轻易离婚。因为离婚会成为一种习惯，习惯于用这种方法处理婚姻矛盾，而不是用更好的方法解决问题。

二、再婚家庭经营之道

虽然经历过一次婚姻破碎之痛，虽然曾一度以为不再相信任何人，但是当爱情的轨迹再次交叠，两颗曾经破碎的心再度感受到彼此带来的温暖时，生活将再一次向着光明出发，人生也将迎来新的篇章。然而，经历了一段失败的婚姻后，他们常常会背负着沉重的包袱、深深的伤痛和对未来的恐惧。因此，如何经营这段婚姻成为再婚夫妻必须要思考和面对的重要问题。

（一）包容彼此的过去

再婚家庭，不少是离婚后的重组家庭。重组家庭的关系比较复杂，尤其双方都是离异的，离婚后双方都可能有过与其他人恋爱或交往的经历，"我们都是有故事的人"。因此，如果彼此真心相爱，就要学会互相包容和迁就，不要过多纠结对方的过往。

爱一个人就要接纳他的一切，包括他的过去和历史。社会对男女有两种不同的道德标准。道德标准对男人要求低，对女人要求高。男人如果在婚前有一些浪漫的爱情故事，许多男人会以此为荣，而妻子一般也不介意，会理解和原谅；但同样的事如果发生在女人身上，丈夫就很难包容。再婚家庭，双方都有过一次婚姻经历，因此，不要因此过于在意对方的过去，而应好好经营现在的生活。

（二）重视沟通

《弟子规》中说："言语忍，忿自泯。"意思是：如果大家在语言上互相忍让一点，心里的不满也就自然而然会随着时间的推移逐渐消除。这说明语言沟通在人际交往中非常重要，而再婚家庭尤其如此。

很多再婚夫妻将很多时间和精力都浪费在彼此的伤害和争吵中，语言上故意伤害对方，故意说话惹恼对方。如果我们把过多的时间和精力浪费在夫妻的矛盾和仇恨中，就无法集中精力做自己的事，自己也会不快乐。既然当初选择了对方，为何不学着宽容一点？在言语方面多加以注意，维持美好的婚姻就变得简单多了。因此，在语言方面多夸奖对方，懂得"言语忍，忿自泯"。如此，婚姻才会经营得更好！

（三）处理好双方经济的关系

再婚家庭如果对金钱过于计较，往往会影响夫妻之间的感情，甚至导致婚姻破裂。《弟子规》中说："财物轻，怨何生？"其意是指如果大家都把财物看得轻一点，哪里还会有怨恨？

再婚家庭中的双方如果对钱财看得轻一点、淡一点，那么夫妻的矛盾也会减少很多。所以，再婚家庭最好能签订婚前协议，比如，关于婚后财产、收支方面的安排等。如果再婚的家庭婚前双方都有子女，建议经济方面最好实施AA制，通常男性比女性多出一点，因为女性在经济能力上可能会弱一些，而且女性在家庭琐事上常常比男性会付出得更多一些。

第三节 再婚家庭的教育

一、善待继子女

一个气质高雅貌美的女人说她太痛苦了,她和丈夫是再婚家庭。丈夫离异后带着一个三岁的女儿和她结婚。虽然工作非常忙,但丈夫对她的爱让她很感动。她觉得丈夫对她太好了。可现在丈夫因为女儿读书的事,每天不是和她吵架就是和她冷战。她说继女16岁,抽烟、喝酒、偷钱、和社会闲杂人员交往密切,是不良少女,全身都是缺点。她说继女没有遗传到丈夫儒雅有风度、学习好的优秀基因。

教授和我见面后,对我说,女儿小学转学五次、初中转学三次,女儿在几个亲戚家来回串,就是不和继母说话。也不知哪里学的,女儿初中时染上了抽烟、喝酒、偷钱的坏习惯。

我说让我见见孩子吧。那是一个青春靓丽的女孩。高挑的个子，白净丰满，一双大眼睛。和女孩谈了很久，我觉得女孩很乖，并不如继母说的那般十恶不赦。她承认交了男朋友，但没有发生更进一步的关系，因为她有底线，男友也是中学生。抽烟是因为经常心情不好，特别压抑。喝酒是因为同学生日。女孩和我谈得很开心，也答应努力做到父亲要求的用心学习，但和男朋友分开她做不到。谈到偷钱的事，她知道是自己不对，以后不会再偷父亲的钱。我留意到女孩其实有很多优点。

继母来了，看她笑得那么开心，说了一句，"看样子，你们谈得很好呀？笑得那么开心。"女孩一听，脸立即沉了下来。她们在一起时，我感到非常压抑。继母依旧述说着女孩的种种缺点和不足，还说女孩的母亲素质很差，肯定在中间挑拨，等等。

看到继母所做的一切，我相信她才是那个让女孩变坏的元凶。一个在批评和责备声中长大的孩子，你又如何指望她成为一个自信和心理健康的人呢？

继母和女孩在家里几乎不交流。尽管继母非常优秀，但她看到的却都是女孩的缺点和不足。而女孩的父亲每天听着宝贝女儿被骂得一无是处自然忍不住暴跳如雷。

山东省沂南县一处农家小院内，65岁的曹玉庆正在哄着继子曹明顺吃饭。曹明顺经常乱发脾气，不吃饭，曹玉庆就要慢慢开导，慢慢哄。这样的日子，曹玉庆已经过了20多年。

1997年，曹玉庆与邻村的张春花结婚。但张春花嫁给他时，带着一个七岁且生活不能自理的智力有缺陷的儿子。对此，曹玉庆没有任何怨言。他说："孩子到了我家，就是我的儿子。"他还给儿子起了个新名字——曹明顺，希望孩子能顺顺利利长大。

但是，孩子对这个陌生的"爸爸"却很抗拒，到处撒饭菜、摔东西，甚至随处大小便，曹玉庆却从来没冲孩子发过火。他听说智力有缺陷的孩子需要多沟通，就每天耐心地教他说话；听说按摩对孩子好，他就每天晚上给孩子按摩……功夫不负有心人，在曹玉庆的悉心照顾下，曹明顺不仅学会了简单的沟通，还能正常走路了。

然而，2004年秋张春花不幸患上肝癌去世。看着疲惫的曹玉庆，有人建议他把曹明顺送到福利院去。曹玉庆却说："我怕他在那里受欺负，还是我自己照顾更放心一些。"就这样，曹玉庆一个人更加忙碌和辛苦，干农活、做家务、照顾儿子，几十年如一日，始终没有抱怨过一句。

2023年，曹玉庆先后获得"山东好人""临沂好人"等荣誉称号，真正活成了最伟大的继父。

作为继父、继母，我们也许无法像对待亲生子女一样对待继子女，但我们可以保留一颗善良之心。对待路边乞丐尚且充满爱心，为什么不能像做好事一样善待继子女呢？遇到孤儿或缺少家庭温暖的孩子都能充满爱，为什么不可以这样对待继子女？不求他将来回报，但至少求得心安，自己没有毁掉这个孩子。

一个成年人，想毁掉一个孩子很容易。因为孩子是无法和成年人去抗衡的。成年人对孩子的批评、指责或是冷漠都会让孩子变得自卑孤僻，引发心理问题，做出不理智甚至危险行为。父母对孩子最好的爱就是鼓励孩子，欣赏和认可他们，将他们培养成为独立生活的人！

一个在家中得不到欣赏和赞美的孩子，在批评和责备声中长大的孩子，怎么可能成为一个优秀的孩子？一些继父母经常夸他们自己的孩子多么优秀，但为何不能用一个欣赏和爱怜的心态对待继子女？欣赏那些年幼的孩子，因为有了你的鼓励和表扬，他们才会自信。

再婚的人，善良应放在人品的第一位！如果能做到欣赏和赞美继子女，那将是你给他们最好的教育和礼物！当你用欣赏的态度对待孩子时，他也不会忘了你的善举，也会以自己的方式回馈给你！

二、包容继子女

对于继子女，我们要更加谨慎一些。毕竟不是亲生子女，他们会更加敏感一些。如果亲生父母出现了袒护他们的举动或言语，继父母就要注意自己的言行是否妥当。孩子遭遇亲生父母打骂之后，也许他们不会和亲生父母计较，但如果继父母对待继子女太过苛刻，就会造成继子女的反感和仇恨。因此，对继子女不要要求过高，只要不是太过分的事，还是要多一些包容。

三、不要认为离婚后孩子很可怜

有些家长，特别是爷爷、奶奶、外公、外婆等认为父母离婚的孩子可怜，就溺爱他们。现代社会离婚现象变得越来越普遍，很多人却错误地认为父母离婚了，孩子很可怜，认为再婚家庭的孩子一定不幸福。

随着父母文化水平的提升，继父母也大多是通情达理之人。所以，不要认为再婚后，继子女一定不幸福。很多孩子在无爱、父母不断争吵的婚姻中同样是一种不幸，反而再婚后，如果夫妻恩爱，孩子会比在原生家庭获得的幸福更多。

如果我们把孩子当成一个不幸的孩子，就会在无意中总是把他和其他孩子区别对待，这会使孩子感到自己与他人不同，会更在意自己的处境，从而变得自卑；如果家长总是为了弥补处处娇纵，孩子就会任性放纵。所以，对于再婚家庭的孩子，不要认为他们很可怜。他们有正常的父母、经济上也不缺什么，只要父母还像过去一样爱他们，他们其实并不可怜。不要认为他们可怜就过度溺爱他们，那样只会害了他们。

四、亲生父母唱白脸，继父母唱红脸

在传统戏曲中勾画红色脸谱扮演正面角色，比喻在解决矛盾冲突的过程中充当友善或令人喜爱的角色（跟"唱白脸"相对）。唱红脸和唱白脸是一种重要的沟通技巧，但需要配合得当才能获得较好的沟通结果，如果使用不当可能会适得其反，特别是唱白脸的角色一定要把握好度。两者相配合，从而达到更好的效果。

当子女在教育方面出现问题时，亲生父母教训他们、批评他们，他们一般都能够接受。但如果是继父母如此对待他们，就会引起他们强烈的不满甚至是怨恨。所以，尽量让亲生父母去教训孩子，而继父母则多鼓励孩子，不要过于批评和责备他们。

五、用心教育继子女

林肯有两位母亲，一个是他的生母，另一个是他的继母。林肯不幸少年时失母，但又有幸得到一个深爱他、支持他的继母。

美国第16任总统亚伯拉罕·林肯出身于一个贫苦的家庭。八岁丧母，一年后，他的父亲汤姆又娶了一位妻子萨利。萨利从不

掉眼泪，但当林肯当选总统时，她激动得哭了起来。1816年冬，林肯赴任总统前，冒着风雪回乡与萨利告别。四年后，林肯遇刺身亡。当人们来探访时，萨利重复了她以前对人们说过的话："他（林肯）从来不曾对我说过一句使我难堪的话。"林肯当选总统后曾经这样说："我的一切都属于我天使般的母亲。"有人问，你指的是哪一个母亲？"两个。"他肯定地回答。

萨利作为继母，她有一颗仁慈宽厚、默默给予的爱心，正是这样一份爱滋润了林肯的一生。难怪有人说："主宰美国命运的，不是在台面上的国家总统，而是他背后的那位伟大的母亲。"

所以，只要用心教育继子女，他们也一样会努力给予同样的回报。亲生父母给予了孩子生命，但继父母如果能发自内心地善待他们，他们也一定不会让继父母失望的。

下篇

走出原生家庭之伤

初次与一个朋友见面，当他得知我是心理咨询师后，问了我很多问题，因为他一直受困于原生家庭对他的伤害。他说参加了很多心理学的工作坊，看了很多心理方面的书。他还学习了精神分析、家庭系统排列、NLP、原生家庭等心理方面的知识，从弗洛伊德《梦的解析》到当今的武志红、张德芬的畅销书，他全都读过。他看过心理学方面的书籍甚至比我还多。由于父母长期吵架，两人一直处于分居状态，这给他和弟弟造成了很大的伤害。他渴望通过自学心理学方面的书来疗愈自己。但他看过了那么多书籍后，才发现很多的书如精神分析等，只是一次次扒开原生家庭对他的伤害，却很难找到一本书，教他们如何疗愈伤口。

他的话一直萦绕在我的耳边。20年的心理咨询，以及婚姻咨询和婚姻调解的经验，我见证了太多的求助者。他们成长过程中遭遇原生家庭的伤害，也见识过无数的人走出原生家庭的伤害，活出最好的自己。因此，我想婚姻之所以不幸，是因为我们总期待找到一个伴侣，去弥补原生家庭缺少的爱，因此，如何疗愈原生家庭的伤害，活出最好的自己是很多人都想解决的问题。

我参加过很多深度成长训练营，发现很多人探索婚姻问题时，总是按照寻找理想父母的标准去寻找另一半，期待另一半成为其缺失的理想父母，渴望另一半给予无条件的理解、支持和关爱，成为一个100分父母。但在经历了一次次伤痛之后，他们发现能给予无条件关爱的人只有自己。只有自我成长了，才能成为一个拥有成熟爱情观的人，不再期待从另一半身上获得100分父母的爱，而是学会自我关爱，主动爱自己，这样才有能力爱别人！因此，在这一篇中，我期待从典型的个案中发掘如何爱自己，如何自我成长，最终治愈自我内在恐惧的小孩。

精神分析从历史观的角度分析个体成长之路，过于强调过去决定论，导致市面上有些书过度强调原生家庭的伤害，甚至出现"父母皆祸害"的思潮。但人的成长和成功，不是仅由过去决定，也由现在和未来决定。此时此刻的行为和对未来目标的关注也是很多人成长的动力和收获理想生活的法宝！阿德勒的"目的论"被越来越多的人接受。"目的论"和心理创伤有关。每个人或多或少都会有些心理创伤，但我们今天的人生并不是完全由过去的心理创伤造成的。心理创伤只是某些人为自己的失败寻找借口。每个人当下的行为，是由个体当下的目的决定的，这个目的会影响我们的人生。因此，我们的人生，不仅受到父母过去养育方式的影响，更要依靠自己对命运的掌控。父母和自我对我们的人生都能产生作用，但最终自己才是改变命运最关键的人！"我命由我不由天"，自己才是自我命运最终的掌控者。

小丽从小生活在一个无爱的家庭里。当初，小丽的母亲因为年纪大了一直没嫁人，而她的父亲因为穷里穷，一直也没娶上媳妇。后来，在媒人的介绍下，两个没什么感情基础的人匆匆领了结婚证。因为家境贫寒，再加上两人本来就不喜欢彼此，所以他俩总是三天一小吵，两天一大吵。直到小丽出生，也没让这个家变得和谐。

　　小丽长大后，也结婚了。小丽的爱人对她特别好，这让小丽觉得自己终于可以脱离以前那个纷争不断的家庭，开启自己的美好生活了。然而，世事难料。婚后，小丽的爱人如同换了一个人，不仅经常贬低小丽，稍有不如意就对她拳脚相加。不堪忍受的小丽，带着伤痛和伤心离开了那个家。

　　为了养活自己，小丽开始摆摊做起了小生意，虽然辛苦，每天也有一些收入。经过自己的努力，小丽慢慢地走出了过去的伤痛，生意也越做越红火。现在的她已经是一家公司的老板了，小丽也成为很多人羡慕的榜样。

　　小丽说，现在的自己已经变得越来越强大了，自己能迎来全新的生活，全靠当时敢于从痛苦中走出来。

　　我有幸见证了很多普通人在经历挫折、痛苦和不幸时，用自己的经验，从心理困惑中走出来，从原生家庭的伤害中自我疗愈。我想以这些普通人的故事告诉人们，没有完美的家庭，也不存在完美的家长，因此，每个人都可能有来自原生家庭的伤害。但我们在扒开原生家庭的伤口后采取自我疗愈后，最终依旧可以成为理想的自己！

　　每个人都可以找到原生家庭带给我们的各种各样不同的伤害，但要学会放下，主动寻求自我成长，进行自我疗愈，才能活出最好的自己。如果只是不停地寻求心理咨询师的帮助，不断地剖析原生家庭中父母的过错，而不是主动选择将伤害缝合，过好今后的人生，那么我们的生命就只能在自卑和痛苦中度过。

　　筛选的10个案例，均来自底层的老百姓。原生家庭经济条件不好，父母文化水平普遍偏低，教育方式以打骂、责备为主，甚至有的父母感情不和或父母双亡，更有精神分裂症的父亲想要伤害女儿。他们有些小学未毕业，有的读技校，也有通过努力考上大学和研究生的。原生家庭均给他们带来了很大的伤害，但他们有一些共同点，不抱怨原生家庭的生活，自我疗愈，好好活着。

人是有自愈能力的。只要自己不屈服，就一定可以改变命运。这10个案例，是我从事心理咨询工作以来让我比较感动的个案。写他们的故事时，每一个人都闪现在我的眼前。他们那么有力量，敢于与命运抗争。他们努力奋斗，有勇气和能力爱自己。他们走出原生家庭的生活，最后都活成了最好的自己！

现在有些书籍过度地宣传和放大了原生家庭的伤害，这是不可取的。如果说未成年之前，父母给自己造成了很大的伤害，但18岁之后，作为成年人的我们能为自己做些什么，怎样才能让自己生活得更好？这几个案例给了我们答案。正因为这些人，他们依靠自己的努力走出原生家庭的伤害，他们有能力爱自己，最后才有能力爱他人，理解他人的不容易，才不需要寻找另一半来弥补原生家庭的爱。

如果我们没有自我疗愈，没有学会爱自己，而是希望找一个伴侣，弥补原生家庭缺少的父爱或者母爱，那么在婚姻关系中，我们需要的是找一个爱自己的全能的父亲或者母亲，而不是找一个互相帮助的伴侣，这样是很难收获幸福的。

一个人只有有能力爱自己，只有依靠自己修复了原生家庭的伤害，他才有可能去经营一段健康的婚姻关系，建立一个和谐的伴侣关系！

总之，只有早日疗愈原生家庭的伤害，只有不断学习经营婚姻关系的技巧，才能维持一段长久的婚姻关系！

案例1 梦想都是奋斗出来的

笑笑儿时的家境非常贫穷。她记得在三四岁的时候，特别喜欢到其他小朋友的家里玩耍，因为他们的家长每次都会给笑笑零食吃。然而，贫穷使得笑笑的父母从来没有给她买过任何零食，更别说和其他小朋友分享了。为此，父亲也感到羞愧和尴尬，所以总是不让笑笑去别人家里玩。

因为知道家里穷，笑笑认为她需要有长远目标，所以考上最好的高中就是她初中的理想。母亲喜欢打麻将，父亲要上晚班，因此笑笑晚上经常一个人在家学习，为自己的目标努力读书。

笑笑父母工作不稳定，经济条件在同龄人中算较差的，但父母的感情不错。

父母对笑笑并没有像其他独生子女那么宠爱，这反而让笑笑变得十分独立和勤劳。考取一本后，笑笑通过努力考上了公务员。她开始体谅父母的艰辛，毕竟他们文化水平不高，不能对他们要求太多。

大学毕业两年后，笑笑存了10万元准备考研究生，但母亲提出要买房。于是，笑笑将10万元给了母亲。笑笑说，母亲最大的心愿是希望有一套她自己的房子，她放弃考研究生，而是成全了母亲的心愿。后来，父母生病，双双住院，又花去了笑笑好不容易攒下的10万元钱。

后来，笑笑经人介绍认识了现在的丈夫。笑笑说，当初找对象时希望找一个依靠自己努力奋斗的人，而不是妈宝男，得依靠父母生活的男人。丈夫来自普通工人家庭。两人一起努力赚钱贷款买了房子，结婚后一起还贷。虽然会比较累，但依靠自己让她感到很幸福，而且她们的生活水平也在不断提高！

案例解读

笑笑出生在贫困家庭，父母没有稳定工作，只能靠做零工养活家人。笑笑三四岁想下楼和小朋友一起玩，因为其他小朋友的家长会给她零食吃，但父亲却因此打她，不让她下楼，认为她吃别人家的零食没面子。幼年的伤害并没有让笑笑记恨父母，反而原谅了父母，后来，笑笑努力读书，没请过家教，也没上过补习班，但她考取了最好的高中，考上了大学，并在千军万马考公务员的队伍中脱颖而出，成为一名优秀的公务员。她工作后努力存钱本想考研究生，因为母亲买房，她只能将准备考研的10万元钱给母亲买房。再次努力存了10万元，父母又双双生病住院。她感到命运不公，但还是拿出10万元给父母看病。

生活的苦难并没有将她打倒。通过自己和丈夫的努力，他们有了自己的房子，生活也过得越来越好了。笑笑对我说："今天的成绩都是靠自己。我从小就知道无法依靠父母，所以我特别努力！"

每个人都有自愈能力，改变不了家庭但可以改变自己，依靠后天的奋斗，我们同样可以改变自己的命运。

一、记住父母的好，忘记父母的伤害

笑笑的父亲因为自己家穷，不让女儿到楼下与小朋友玩，不想女儿羡慕其他小朋友吃零食。笑笑的母亲爱打麻将，对笑笑中考后提出买裙子的要求一再忽视。这给笑笑带来伤心的记忆，但她并没有因此记恨父母，而是原谅父母。笑笑没有奢望自己能有100分的父母。因为父母虽然贫穷，但还是省吃俭用让她完成学业。记忆中家里也有很多温暖的回忆，父母爱她，只是父母爱的能力有限，所以，笑笑更愿意回忆父母对她的好。

二、不嫌弃父母没钱，努力挣钱回报父母

为了满足母亲买房的愿望，笑笑放弃了考研。笑笑说："想拥有一套自己的房子是母亲最大的心愿，因为家里一直租房子住。母亲在小小的出租屋很不开心。"父母没有能力挣钱，笑笑理解父母，没有因此嫌弃父母。购房后，父母双双生病住院，笑笑再次拿出10万元积蓄用于父母治病。笑笑说失去父母后自己存再多的钱也没意义。作为独生子女，笑笑承担起了赡养父母的责任。

三、自己不倒，没人能打败自己

没上补习班，没有请家教，笑笑考取了最好的高中和大学全靠她自己的努力和奋斗。梦想都是奋斗出来的，笑笑就是如此。虽然父母的爱是缺

失和不完美的，家境是贫困的，但笑笑不怨天不怨地，也不抱怨父母。她像坚韧的小草一样茁壮成长！除非自己倒下，否则没有人可以打倒自己！笑笑就是依靠这样坚定的信念，拥有了如今幸福的生活。

四、不依靠父母，但可以自己奋斗

幸运都是自己奋斗获得的！"我命由我不由天。"笑笑知道每个人出生就不公平。有的人含着金钥匙出生，有的人却只能依靠自己。作为底层老百姓的孩子，必须付出更多的努力，才能收获想要的幸福生活。

案例2　活着才能见证美好未来

小明七岁时，母亲因产后抑郁症自杀离开了他们。四个儿女、一个姑姑及年迈的奶奶，全靠他父亲一人在苦苦支撑。沉重的负担和压力使得父亲把所有的怨气、痛苦都化成拳头挥向了家里的长子——小明。他一次又一次地被父亲打得不敢回家。身上是痛的，心里是苦的，小明每天以泪洗面。在父亲的暴力下，小明依然学业优秀，因为他知道靠别人不如靠自己，最终他考取名牌大学，成为一名律师。

我问他小时候想过自杀吗？小明说想过，但不敢自杀也不能自杀，因为他是父亲唯一的宣泄出口。要是他死了，父亲肯定也活不下去了。父亲如果死了，家就没了。我问他恨父亲吗？小明说，恨，小时候真的恨，因为每天生活在恐惧中。父亲人生的不容易都会用暴力发泄在年幼的他身上。印象最深的是一次，他回家后看见一个人进家门，他误以为是父亲又要打他，一种恐惧令他突然向"父亲"狠狠地打了一拳头后迅速逃跑了。此后姐姐找到他，才得知他打的是来家里串门的二叔。

后来，父亲不顾他们的反对将小妹嫁给了一个亲戚。小妹婚后由于夫妻吵架跳河自杀，小明对父亲就更加怨恨了。但现在小明也做父亲了，开始理解父亲的不易和艰辛，父亲为了他们四个孩子没有再娶。要知道，一个男人抚养四个孩子非常不容易。因为被父亲痛打的经历，小明从没打过自己儿子一下，因为他懂得挨打的孩子是多么无助。

案例解读

一、活着才有未来

小明受到来自原生家庭的伤害，尤其是父亲的家暴和责备，但为什么他会宽容父亲，勇敢地活下来呢？小明说如果他自杀死了，这个家不再有快乐！当你选择结束生命，以为解脱了，可留给亲人的痛苦和阴影将一直陪伴着他们！

在很多原生家庭中，父母的文化水平和个人修养都是有限的。虽然他们内心深处是爱孩子的，但是他们还是会无意识地伤害孩子。当我们遭遇不幸想要放弃生命的那一瞬间，想想所爱的人和爱自己的人将承受多少痛苦，我们还有勇气选择死亡吗？心里还装着父母、亲人，我们怎能狠心地丢下、抛弃他们？我们没权利结束生命，因为生命不仅仅属于我们自己，还属于所有爱我们和我们爱的人！而活下来，未来就可以重新开始。

二、自我疗法才能走出原生家庭的伤害

小明成为律师后，主动找到心理咨询师进行心理咨询，疗愈自己幼年的伤害。通过主动寻求心理咨询师的帮助疗愈自己，通过努力考上理想的大学，结婚生子后，他用心养育儿子，而不会像父亲那样家暴孩子，以此来重新养育一遍童年受伤的自己。

三、读书改变命运

小明从小学习用功。通过学习成为律师和行业最优秀的人，并过上了理想的生活！这位律师，幼年丧母，父亲长期家暴，家境贫寒。他说从小很羡慕其他同学有母亲，回家可以吃上一口好饭菜，会被母亲温柔对待，但他好像从没有吃过父亲做过的好吃的饭菜。他有一段时间经常去一个男同学家。这个男同学的母亲总会留他在他们家吃饭。通过努力读书，他现在也可以吃上好饭菜，过上理想的生活了。

四、原谅原生家庭的伤害

工作后，小明主动寻找心理咨询。通过心理咨询，他原谅了原生家庭的伤害，不再记恨父亲，并回报父亲。小明工作后供养弟弟读书，把弟弟带到一线城市，帮助和支持弟弟的工作。小明说恨有什么用。父亲的文化层次不高，修养欠缺才导致他不能很好地教育孩子。如果一直对原生家庭充满仇恨，过去并不会因此改变，所以还不如选择宽容和原谅。

案例3 责任让我不能放弃

小兰问我："老师您认为我是最命苦的吗？我的同学、朋友、亲人，没有见过比我更苦的。"我只能诚实地说："好像你真的是我见过最苦的女人。"

小兰的父亲在她11岁、妹妹7岁、弟弟5岁时因为外遇提出离婚。小兰母亲不同意离婚，最终自杀身亡。小兰和弟弟、妹妹目睹了母亲的死状。于是，小兰和弟弟、妹妹便与外婆生活在一起，但外婆抑郁、舅舅躁狂。没多久，小兰的父亲就与外遇的女人再婚了。再后来，父亲病故，继母也离开了他们家。

16岁的妹妹外出打工，一年后，患上了精神分裂症。她只能带着弟弟、妹妹一起上大学，租住在200元一个月的小房子里。依靠家里出租的房租和课余时间打工赚的钱，小兰好不容易盼到大学毕业，妹妹也在大家的帮助和支持下，缓解了病情，还找到了一份简单的工作来养活自己，最小的弟弟也技校毕业了。

小兰大学毕业后嫁给了她的初恋。丈夫在结婚那一天答应她一辈子会好好爱她。结婚一年后，他们生育了一对双胞胎儿女。小兰对未来充满希望。但儿子2岁半了还不会说话，女儿却口齿伶俐。医生诊断儿子为孤独症。小兰问我："为什么老天爷要给我这么多磨难？为什么对我这么不公平？"她甚至想带着儿子一起自杀，她认为儿子是一个傻瓜，不认识她，不会开口叫妈妈。

我告诉小兰，她没有权力剥夺儿子的生命。随着时间的流逝，小兰带儿子积极治疗。在治疗的过程中，她认识了很多孤独症孩子的家长，看到更多比儿子情况更加糟糕的家庭，她认为儿子并不是最差的，便决定为了两个孩子好好活着。那个承诺会爱她一辈子的男人，最终因无法承受压力，离家出走了。当丈夫两年后回家时，小兰坚决地离了婚。好在公公、婆婆愿意帮助小兰继续照顾两个孩子。小兰说，现在她只想多挣钱，为两个孩子的未来生活和学习作些准备。离婚后小兰感到很轻松，把所有心思都用在努力工作和挣钱上。由于从小养成的习惯，小兰和弟弟、妹妹都非常节俭，生活也能过得平稳。小兰说，儿子和妹妹都需要她照顾，她只能加倍努力挣钱。

案例解读

一、责任让我不能放弃

小兰是不幸的，11岁失去母爱，16岁失去父亲，还要承担照顾妹妹和弟弟的责任。妹妹因为父母过世等挫折事件和其他原因诊断为精神分裂症，小兰结婚后生了一个孤独症的儿子，丈夫因为不能承受这样的压力离家出走两年，小兰因此坚决选择了离婚。

小兰说，她不能像母亲那样自杀，丢下弟弟、妹妹和孩子。因为责任，她要好好活着。

二、挣钱养家才是硬道理

小兰积极主动地自救，并提升了自我，为困境中的生活寻找到一条出路。小兰说，她对爱情和婚姻已经不抱希望，因为不可能有男人愿意娶一个有这么多负担的女人。所以，她必须要有能力挣更多的钱，给两个孩子经济上的保障。离婚后，她的生活重心就是多挣钱。

案例 4　自我救赎

　　啸天研究生毕业后在高校任教。他认为是母亲的强势导致他得了抑郁症。父母离婚后，母亲认为离婚都是父亲的错，因此不让他与父亲来往。啸天幼年长期遭受母亲的家暴和责备，为了让啸天好好学习，从不允许他到外面与其他小朋友玩。这让啸天有着痛苦的童年，他很羡慕其他小朋友可以自由地在户外玩耍。但他没有这个自由，因此他对母亲充满了怨恨。

　　结婚生子后，啸天的抑郁症症状更加明显了。为了治疗抑郁症，啸天严格按照医生的要求吃药、晨跑，即使刮风、下雨也坚持跑步。同时，啸天还积极进行心理咨询，为了自我救赎，啸天考取了二级心理咨询师资格证。他希望通过自我疗愈的过程帮助其他抑郁症患者，顺便提高一下家庭的经济收入。

案例解读

一、主动治疗，依从性好

啸天上网查找各种信息和做心理测试，当觉察到不断出现的自杀念头和对母亲的愤怒时，他认为自己得了抑郁症，因而主动寻求心理咨询和治疗。由于有病耻感，为了不让身边的人知道自己得了抑郁症，他只能利用周末的时间到省城去看心理医生。医生交代他必须每天晨跑，因此无论刮风下雨，他都不会间断。他说花了那么钱和时间去省城里治疗，必须尽快好起来。同时，按照心理医生的要求，准时服药。结合药物治疗和心理治疗，他希望自己能早日康复。

二、自学心理学知识，参加心理咨询师的考证

为了早日康复，他自学心理学知识，参加并通过心理咨询师的考证，获得二级心理咨询师职业资格证书后，更加积极参与到各种心理学的学习之中。他希望通过自我疗愈之路，今后能帮助更多像他一样，由于原生家庭造成的创伤罹患抑郁症的病人。

三、主动探索和疗愈原生家庭的伤害

啸天说母亲对他的控制导致他不敢为自己积极争取合理的利益。他在工作中遇到一个困惑。他不喜欢目前的工作岗位，希望能换一个更喜欢的岗位，但由于对权威的恐惧，他不知道如何向领导提出自己的想法。在心理咨询过程中，啸天积极探索，是什么原因造成他不敢为自己争取利益或

为自己发声？此后，与心理咨询师共同探索和分析中，啸天勇敢地向领导提出了他的诉求，申请调换岗位。结果，领导同意了。啸天感到从未有过的开心和放松。到了新的岗位，啸天充满信心，他的抑郁、焦虑症状明显好转。此后，他又顺利通过心理咨询师的考证，并准备读读攻读博士。

啸天说他感谢母亲独自抚养他，并严格要求他用心学习，这也是他能考取研究生的原因。但他结婚生子后，不愿意和母亲生活在一起，因为看到母亲就会想起自己痛苦的过去。和妻子协商后，他们决定请保姆，让母亲单独生活，有时间就去看看母亲，和母亲的关系也缓和了很多。

抑郁症患者有时是一些现实的困难没有解决导致焦虑、抑郁情绪无法缓解。他们原本认为这个困难无法解决，一旦这些困难解决后，他们的抑郁症就会好很多。现实困难是导致抑郁症的原因之一。

类似这样的抑郁症患者，常常因为有一件特别烦心的事而成为导火索，如果解决了，抑郁症往往就会自愈或者减轻。

一位母亲因为女儿大学毕业那一年遭遇车祸，导致脖子有些轻微地偏离。这位母亲担心女儿找不到工作，或者会被男朋友抛弃，等等，突发重度抑郁症。在遵从医嘱按时吃药的情况下，她的病情得到了控制。后来，她女儿大学毕业，顺利就业，后来有了新男朋友，并最终结婚。该母亲的抑郁症也很快就被治愈了。

还有一位男士，由于工作变动，突然离开妻儿，尤其是每次回家看望儿子后，离开时儿子一直在阳台上哭着喊着，不愿意他离开。这让他十分伤心，因而导致严重的抑郁症。此后，解决了他们夫妻分居的问题，再次与妻儿团聚，他的抑郁症也就自愈了。所以，有些抑郁症是由于突发的事件或者生活发生大的变动带来的，如果解决掉这些突发事件或处理好生活中的重大变故，抑郁症也就会自愈了。

案例5　读书改变命运

　　红花七岁时，父亲因为被外遇的女人逼迫不顾一切地要离婚。父亲说如果不离婚，那个女人要死给他看。红花的母亲看到曾经深爱的男人为了要离婚而绝食，只好同意离婚。离婚后，父亲每月支付生活费，红花、红玉和妈妈生活在一起。

　　母亲再婚后又生了弟弟和妹妹。继父虽然老实，但非常小气，不舍得为她和红玉花钱。红花每次去和父亲讨要生活费，继母就躺在床上不起来。红花知道，因为继母不愿意给她和妹妹生活费。一次，红玉高烧，继父说孩子生病自然会好，不要浪费钱去看。红花只能抱着妹妹，任由妹妹哭喊，最后妹妹病死在红花的怀里。那个场景红花说她一辈子也不会忘记。

　　家在偏远农村的红花知道，读书是改变贫困的唯一出路。妹妹就是因为家里穷没钱治病才死的，她一定要好好读书。红花一直是学校的第一名，初中毕业时继母不愿意再出钱供红花读书，她希望红花初中毕业后考中专,但红花坚持读高中考大学。好在父亲支持红花,因为父亲知道读书对于生活在农村的红花有多么重要。父亲不惜与继母吵架也要支持红花读书。最终,红花大学毕业后考取了公务员。

儿时看到父亲因外遇而离婚,亲眼看到妹妹死在自己的怀里。红花认为结婚要嫁一个深爱自己的男人,不要像母亲那样嫁给一个她深爱的男人最终却以离婚收场。红花结婚了,选择了深爱着她的有责任心的男人。结婚生子后,红花工作非常努力,成为最年轻的处长,婚姻也很幸福。

红花并没有就此止步,她还学着理财,让家里的钱生钱。不仅如此,还在房价不高时将手里的钱投资到房产上,房价上涨后,红花家里的资产也翻了几倍。

红花当然没有忘记教育子女,毕竟自己也是靠着读书改变命运的。她总是和丈夫耐心辅导孩子功课,根据孩子不同的性格特点进行不同的规划。

现在的红花婚姻美满,生活富足,孩子都已长大成人,他也终于活成了自己想要的样子。

案例解读

一、女人一定要读书

红花坚信读书可以改变命运。即使在偏远农村,她也坚定读书的信念。幸亏父亲支持她,即使继母不愿意供她读高中,但父亲支持她读高中，考大学。红花说，读书时期，父亲给的钱很少，她常常吃不饱，有几次晕倒在学校。就算再苦再难，她也要努力读书。最终，她考取了理想的大学。

二、嫁人要嫁有责任心、深爱自己的男人

红花从小就决定不要嫁自己深爱而对方不爱自己的男人，必须嫁一个深爱自己的、有责任心、有担当的男人。在选择配偶时，红花是非常慎重的，因此她的婚姻很幸福。丈夫一直非常欣赏她，支持她，给予她情感和事业上的支持。红花说，自己的原生家庭不幸福，但丈夫在他的原生家庭是被宠爱的。他们是初中同学，彼此知根知底，她对丈夫的原生家庭也很了解，公公是一个非常负责任的男人。所以，和丈夫结婚后，他们也活成了模范夫妻。

三、工作后积极进取

红花知道靠天天不应，靠地地不灵，靠自己才最有用。女人经济独立，人格才能独立。工作后红花积极努力，通过不断奋斗，最终成为同行中最优秀的人才，职位不断上升，收入也稳步增加。

四、投资理财很重要

女人只会盲目挣钱，不懂投资理财也不行。红花向朋友取经，通过购买理财保险，获得稳定的收益。在房地产市场好的时候，她果断投资购买了三套房。在同龄人中，她是第一个购买别墅的女人，也是第一个购买了两辆私家车的人。如今家庭生活稳定，夫妻各有一辆车，孩子的婚房也买好了，她也不用担忧晚年的养老问题了。

五、孩子教育要用心投入

并不是养儿防老的需要，而是不要让孩子成为你晚年的负担。因而，红花在孩子教育方面非常尽心。虽然工作忙碌，但还是亲自辅导和教育孩子。红花的儿子比较晚熟，在红花耐心辅导下，儿子初中之后开始明白学习的重要性。考虑到儿子不爱读书，因而将他转到艺术类的专业。在老师的不断熏陶下，儿子终于开悟并对所学专业非常感兴趣，最终考取一本后又继续读研深造。如今，儿子孝顺，丈夫对红花呵护有加。红花说，是知识改变了她的命运。

案例6　未来充满希望

丽丽9岁时母亲病故，那年妹妹7岁，弟弟5岁。在丽丽15岁那年父亲再婚，继母是个未婚女人。此后，丽丽又多了4个弟妹。17岁那年，长相俊俏的丽丽被选送到广播站工作。可小学没毕业的丽丽，担心读错广播稿，不愿意去广播站，于是选择了做电工。

离开家的那一天，家里唯一能给她的是一床黑黢黢的棉被。刚工作时，每月工资20元钱，丽丽寄10元回家，因为家里还有6个弟弟妹妹。

虽然很多人来提亲，也有很多男性追求者，但丽丽不敢追求爱情。她希望找个家庭条件好的能帮助她的男人。后来，丽丽嫁给了她的丈夫——一个厂长的儿子。

婚后的生活没有太多爱情，但很平静。丽丽有了一双儿女。我问丽丽，生活那么艰难时是否有过放弃的念头？丽丽说她从没想过放弃，她就想一直努力，好好活着，相信将来一定会好起来。"弟弟妹妹从小失去母亲，作为大姐，我必须努力，才能给他们树立榜样。"

如今丽丽当了奶奶，凭着一家人不懈努力，在大城市有房有车，日子过得也算舒心。

案例解读

一、人生不易，好好活着

丽丽说无论生活有多么艰难，她从没有过自杀的念头，因为她认为来到人世间不容易，就得好好活着。她想，未来，她和弟弟、妹妹都能幸福地生活。她从小一直过着吃不饱、穿不暖的日子，如今住着大房子，享受着天伦之乐，她非常知足。

二、经营好婚姻

虽然没有嫁给爱情，但丽丽努力经营好婚姻。丈夫老实厚道，丽丽也一心用在家庭上，因此，婚姻平静而和睦。丽丽知道自己从小失去母爱，因而个性比较强势一点，但丈夫理解她，会更多地谦让着她，她对此很是感激。而丈夫作为富家子弟，花钱大手大脚，她总是好言相劝。所以，婚姻生活平静而和谐。

三、投资理财增加收入

在一线大城市，丽丽和丈夫的月收入仅仅一万多元。在楼市最好的时候，丽丽通过将市中心40平方米的房子卖了后，贷款购买了一套107平方米的房子。而后，她又将这套107平方米的房子卖掉，买了一个近300平方米的小产权房和一套140平方米的商品房，从而让家庭资产倍增。

四、家和万事兴

丽丽深信家和万事兴，因而和儿媳妇关系挺好，还主动帮忙带孙子，让儿子、儿媳妇能安心工作。如今祖孙三代同居一室，幸福满满。

案例 7　爱自己才有能力爱他人

　　大姐是父母带着身边长大的第一个孩子。晓霞是老二，又是女孩，所以送到爷爷、奶奶身边长大。弟弟是男孩，也在父母身边长大。直到读小学母亲才将晓霞接回家。由于母亲和奶奶关系不好，而晓霞很爱奶奶，所以母亲并不喜欢晓霞。

　　晓霞第一次回到家，弟弟就对她说："你不是我们家的人，你滚。"母亲并没有责备弟弟，晓霞感觉很受伤。有一次，上小学的晓霞放学回家后，因为感觉很累就上床睡觉了。母亲回家后，以为她还没回来，赶紧给姐姐和弟弟零食吃，还说："你们快点吃，不要等她回来看见了。"晓霞躺在床上听见了，只能独自流泪。这样的事情太多了，她感觉自己是继女一样。晓霞很难过，因为从小到大自己从没得到过母爱，而父亲根本就不管家里的事，她就像一个多余的人。这种缺失导致她感到非常孤独。高中毕业后，晓霞读了技校，但她利用寒暑假外出打工，从此不再向母亲要钱，读技校的学费、生活费都是她自己打工挣来的。

晓霞说她没法理解母亲，因为母亲不喜欢奶奶，而她和奶奶感情好，母亲就连亲生女儿也不喜欢了。从小奶奶带大自己，七岁读小学来到父母身边，所以和母亲也没有什么感情，但她相信自己能独立生活。打工期间，她遇到了很多优秀的人，他们对她很好。

父母的偏心导致弟弟个性偏激，母亲很惧怕弟弟。技校毕业工作后，晓霞成为家中最会挣钱的人。母亲经常找各种理由向她要钱后再给弟弟。

要知道，晓霞高中毕业后，她没再问父母拿过一分钱。工作后，依靠勤奋和努力她成为品牌橱柜行业的销售冠军，带领着自己的销售团队，最后成为最优秀的总经理，也找到了深爱她、善待她的丈夫。如今结婚生子，成为一个幸福又经济独立的女人。

晓霞曾是母亲最讨厌的人，如今却成为给母亲最多钱的孩子。她对母亲没有感情，更谈不上爱，但她还是赡养着父母。晓霞说，不是每个人生来就有人爱，如果没有人爱就要学会自爱，因为爱自己才会让自己变得越来越好，才能过上自己想要的生活，当别人需要时，才有能力去爱别人。

案例解读

一、爱自己，不让自己痛苦

高中毕业读技校后，晓霞开始一边读书，一边打工挣钱养活自己，因为知道从父母那里拿钱太困难了,所以她不再开口向父母要钱。但曾经遭遇家庭的不公平对待,让晓霞很痛苦。她不能理解都是一个父母所生,为什么母亲如此不待见她,对待她和大姐、弟弟完全是不一样的。心里的痛苦,她不知该如何化解,到技校后知道学校有心理老师。她主动找到心理老师,倾诉内心的痛苦和不平衡。晓霞定期进行心理咨询,参加团体心理辅导,主动积极加入金嗓子演讲协会和理财协会,逐渐走出原生家庭带给她的痛苦。在团体辅导中她主动分享自己的经历,也促进了团队其他成员的分享,增强了团队凝聚力。由于参加演讲协会,晓霞的演讲能力和口才得到了极大的提升。由于长相出众和口才好,她长期担任学校元旦文艺晚会等的节目主持人,成为学校里明星级的人物。这为她毕业后成为销售冠军打下了良好的基础。

由于擅长表达,为人真诚,老师和同事都非常喜欢晓霞。良好的人际关系让晓霞比同龄人收获更多来自长辈的关心和支持。晓霞说,虽然在父母身边那种低人一等的生活给她带来很大痛苦,但她从没放弃爱自己。这种坚定的信念,让她一直非常努力。

二、爱自己就要努力工作

晓霞深知爱自己就要不断努力地提升自己,增加自己的能量。由于自己擅长演讲,口才也非常好,所以在技校主动参加演讲协会。长期担任文艺晚会节目主持人的经历,她的口才和胆识都获得了很好的锻炼,因而她比一般人更加自信。工作后,她选择从事品牌橱柜销售行业。她还经常利用别人休息的时间努力提升自己,多次成为公司的销售冠军,最后成为总经理,带领自己的团队成为行业里最优秀的团队,收入也有了稳步地提升。销售行业与人交往,她善良、积极乐观、豁达的交友态度,给她带来很好的人脉，也为她的事业发展带来优势，这一切使得她成为销售行业的领军人物，也因此收获了美好的爱情和幸福的婚姻。

三、提升财商，保持经济独立

从小开口向父母要生活费和学费让她感到如此艰难和羞耻，高中毕业后的她就利用寒暑假打工挣钱养活自己。她知道一个女人必须经济独立才能人格独立，才能获得有尊严的生活。因为懂得挣钱不容易，晓霞从小就养成了节俭的习惯。工作后，依靠销售业绩的提升和职位的升迁，她在收入不断增加的同时，也学习理财知识。钱不是万能的，但没有钱是万万不能的。因此，晓霞有了积蓄后，开始买房买车，不依靠父母，不依靠男人，成为一个经济独立的女性。她说，这样她才活得有自尊。

四、把自己打扮得漂漂亮亮

晓霞长得漂亮，也擅长打扮自己。虽说不能以貌取人，但对于从事销售工作的人来说，个人形象还是非常重要的。因此，晓霞一直都会管理好自己的身材，习惯于把自己收拾得干干净净、漂漂亮亮的。

案例 8　我命由我不由天

小红小时候曾被人性侵了。因为害怕暴躁的父母的责骂，又担心父母会做出一些疯狂的举动，胆小的小红智能把痛苦和不幸一直埋藏在心中。

为了改变自己的命运，小红拼命学习。高考结束时，她感觉考得比平时差，便一路哭着跑回了家。回到家中，母亲问她考得如何？她说可能考不上大学了。母亲说："那你怎么不去死？外面就是长江，你去跳呀。"她没有去死。她想如果自己死了，就真的什么都没有了。幸运的是，后来她被大学录取了。

小红研究生毕业后，找到了一份满意的工作，也收获了爱情。结婚那天，她将自己曾被性侵的事告诉了新婚丈夫。丈夫因为心有芥蒂经常打她直至离婚。很多次，她想到了死，可一想到年幼的孩子和年迈的父母，她还是选择活下去！

小红没有抱怨原生家庭对她造成的伤害，利用业余时间考取了心理咨询师，走上一条自我疗愈之路也逐渐改变着自己的命运。最终，她成为优秀的心理咨询师和经济独立、人格独立的人！她明白：爱自己，成为最好的自己，就不必从另一个人身上寻求满足和期待。再婚后的她，不再把丈夫当成满足自我期待和欲望的人，而是彼此尊重，保持适度的距离，过着让彼此都舒服的生活！

这个受过苦难最后成为心理咨询师的女人说，痛苦的经历造就她成为一个性教育工作者、公益的心理咨询师和婚姻指导师，帮助更多人减少伤害。在心理咨询过程中，小红感受到了自己的价值。她告诉我，她来自底层老百姓，通过拼搏和努力，过上了理想的生活。她希望有生之年，能利用所学的专业知识，帮助和她一样的底层老百姓走出困惑和迷茫，因此她多次获得省、市表彰的先进志愿者称号！小红说人生本无意义，但她赋予的人生意义就是为底层老百姓多做一点贡献，让底层老百姓相信，通过努力也可以过上理想的生活！

案例解读

一、靠天靠地不如靠自己

小红告诉我，她从小酷爱读书。虽然从农村回城读书，最初因为语言不通，被同学耻笑过，幸亏学习成绩好，又经常帮助同学，最终她成为同学心中的楷模。小升初时，她是全校第一名。

小红学习成绩上的优异，让她不再因为家里的贫困感到自卑，而是通过努力读书，考取大学。虽然不是名牌大学，但在当时的小学同学中，只有两个人考上本科，她就是其中之一。小红很感激自己生活在一个好时代，只要靠自己努力，就可以收获理想的生活。

二、自我疗愈

由于第一任丈夫嫌弃她被侵犯过，在委曲求全中过了10年，最终小红选择了离婚。为了走出离婚的痛苦，小红走进心理咨询室，在心理咨询师的帮助下开始了自我疗愈之路，并萌生了考心理咨询师和婚姻指导师的念头。通过多年的努力和学习，小红成为心理咨询师和婚姻指导师，并成为这一行业的佼佼者。这不仅帮助了他人，也帮助了自己。通过大量阅读心理学方面的书籍，思考女性获得幸福的途径，反思很多来访者痛苦的原因，小红对人生有了更多的思考。

带着这些思考，小红明白女人一定要靠自己。梦想都是奋斗出来的，小红一直非常努力，最终经济条件也获得很大的改善。而学习心理咨询知识，改善了小红的人际关系。她有了挚爱的家人和朋友，生活也过得越来越幸福。

三、我的人生我做主

女人只要愿意读书，愿意努力，就可以获得经济地位的提升。当女人有了钱，说话才有底气，才能人格独立。这一切都离不开她的努力。小红每天早上五点多起床学习、读书或写作，有独立思考的能力。长期努力奋斗的结果，让小红的收入持续增加。小红在生活上一直积极努力，有坚定的人生目标，并朝着目标奋斗！没有人可以随随便便成功，所有的成功都是奋斗出来的。尤其是普通民众，更不能向命运低头，不能听之任之，要努力为自己的人生作主，要成为自己命运的主宰。

四、乐于助人带来价值感

小红成为一名心理咨询师和婚姻家庭指导师后，长期在妇联从事公益心理咨询和婚姻咨询，并获得省市表彰的先进志愿者。一方面，小红来自底层贫困家庭，她渴望用自己的知识和经历去帮助像她一样的底层老百姓。小红说，也许她的力量是薄弱的，但能帮助一个人也许就救了一个家庭，就如小红工作后成为她的大家庭的顶梁柱一样，她让父母过上了幸福的晚年。另一方面，在看到底层老百姓的疾苦后，小红体会到人生不易，尤其贫困导致的资源匮乏，思想落后，而要摆脱命运的不公必须依靠自己的努力。在助人的过程中，小红体验到她的人生价值和意义。只要有一个家庭发生改变，小红认为她的人生就有意义。

五、用自己的伤痛换他人的觉醒

小红童年遭遇性侵，新婚被丈夫嫌弃、家暴，她的经历无疑是悲惨的，内心也曾充满痛苦，但她却并没有被命运打倒，反而奋发图强，成就了今天的自己。当自己有了知识之后，小红发现，过去那些不幸的经历很多时候也许并非出自人的本性，而是由于贫穷和无知。比如，父亲、母亲对自己的打骂，他们以为这就是对孩子好，因为在他们的认知里"孩子不打不成器""打是亲，骂是爱"。

了解了这些，小红也便开始慢慢放下过去，放眼未来的生活。更重要的是，小红不仅认识到了自己命运的起因，也希望其他人不要步自己的后尘。于是，她将命运带给自己的伤痛作为教材，从而拯救了无数人的命运。她总是在想：与其抱怨命运不济，不如努力改变命运。不仅包括自己的，也包括那些和自己一样的人。她一直致力于公益的性教育宣传活动，为普通老百姓科普性教育知识，给小男孩从小播下善良的种子，教小女孩从小提高防范意识，收获了很多人的赞扬。

在几次与小红的交谈中，小红总是毫不避讳地谈起自己的经历，她说："我之所以选择这个职业，之所以这么热衷于宣传性教育知识，其实也算是我对自己命运的抗争吧。以自己的命运换来他人的觉醒，改变他人的命运，以'命运抗争命运'也很有意思吧！"

六、为爱而活

当不幸的事情发生后，小红感觉到了无比的耻辱，她觉得自己从此都是一个不干净的人了。那时候的她只有八岁，八岁的孩子哪里有处理这些事情的能力呢？她想到了死，好像只有死才能摆脱一切。但是，当她看到灯下的母亲还在佝偻着腰给她补破了洞的衣服，看到父亲每天起早贪黑地为了这个家而操劳时，她知道父亲母亲还是爱她的。如果自己就这样放弃生命，父母该是多么心痛啊！于是，她选择活下来。

第一次结婚后，她以为终于找到了自己的幸福，没想到丈夫却嫌弃她，不仅对她时常家暴，还移情别恋。那时的小红感觉万念俱灰，哀叹自己的命为何就这么苦？她再一次想到了死，想到了她时常经过的那条小河。但是，两岁多的女儿突然哇哇大哭起来，像是在哀求她一样。小红也再一次体会到了自己肩上的责任，那个柔软的小生命如果失去了母亲的疼爱，该有多么可怜啊。于是，她再次选择活下来。

因为有爱、有牵挂、有不舍，经历过两次挣扎之后，小红终于明白只要有爱，我们就应该好好活着。

有了活出最好的自己的信念，小红开始了新的人生。她把时间和精力用在提升自我、努力工作和挣钱以及善待爱她的人上，不再将时间和精力浪费在给她造成痛苦的人身上。虽然曾经极力挽回丈夫，但最终没法换来丈夫对她的爱。小红主动选择了离婚。离婚后，用了近两年时间，小红才从痛苦中走出来。小红决定为自己和家人好好活着。从此，小红用奋斗收获了现在的理想生活。经济独立，人格独立，活成了很多女人羡慕的样子！

  小红很庆幸自己当初没有做傻事，否则无法享受现在幸福的生活！好好活着，好好挣钱，生活一定会让我们感受到美好和幸福！

案例 9　做个经济独立的女性

案例一

小玉自从大学毕业之后，一直在努力赚钱，她觉得花自己挣的钱才能做自己的主。

随着小玉的不断努力，她的工作成就也越来越大，成为名副其实的都市白领，不仅能够养活自己，还贷款买了房子。如今，小玉已经29岁了，仍旧单身，家里父母催婚催得很急，总是让她去相亲。

但对于小玉而言，她非常排斥用相亲的方式来寻找另一半，她希望自己和另一半是情投意合水到渠成的结合，而不是为了结婚而结婚。于是，她跟父母说，她现在经济条件还不错，不想随便凑合，要结婚，一定是因为遇见了爱情。

母亲说："你再不找，以后岁数大了怎么办啊？"

小玉说："我自己可以养活我自己啊！"

父母听了她的话之后，也不再强求，毕竟父母虽然有点退休工资，但远不如小玉的收入高。

终于，两年后小玉遇见了一个让她心动的男生，对方的经济条件一般，但是两个人脾气性格都合得来，相处十分愉快。而且，她看得出，那个男生虽说工资不高，但很有上进心，两个人一起努力，往后的日子还能过不好吗？

案例二

贝贝是一家公司的技术员，每个月拿着固定的工资，但工作比较辛苦，经常加班。后来，经人介绍，认识了这家公司的一位小领导，两人迅速坠入爱河，并结婚生子。有了孩子后，贝贝的丈夫很快升职加薪，工作也忙碌了起来，就干脆让贝贝辞职，专职带孩子。贝贝也十分享受这样的阔太太生活，由于日常家务有保姆，她只管带着孩子玩耍，自己去健身、购物，她总是逢人就显摆自己又买了多么昂贵的包包，给孩子交了多少钱的早教费……

但是，一晃十年过去了，丈夫不断升职，而贝贝则一直停留在原地，两个人的共同语言越来越少，看待问题的观点也越来越不同，于是经常吵架，甚至闹到了离婚。贝贝一想到离婚就十分恐惧，她知道自己已经失去了赚钱的能力，离开丈夫，她将陷入窘迫；她想要孩子和她一起生活，但又根本负担不起孩子的开销。所以，每次丈夫要发脾气时，她都只能卑微地说："是，你说得对。"

案例解读

一、经济独立可以让你有更多选择

试想，如果案例一中的小玉经济不独立，那么她很可能在父母的催促下为了让将来的日子好过一点而把经济基础作为自己择偶的重要标准。但如果两个人的结婚只是经济基础，而不是爱情，那么结婚之后日子过得如何可想而知。正是小玉的经济独立，才使得她有了更多的选择，也让她对男人的衡量标准发生了变化。

反观案例二中的贝贝，虽然对于现在自己的婚姻状况心有不甘，但又能怎样呢？结束这段婚姻，她不仅要失去现在优渥的生活条件，更会失去儿子的抚养权，因为她根本没有能力抚养。假设这件事发生在小玉身上，她是不是就有了更多的选择呢？

二、经济的独立是女人最大的底气

我们常说：钱财是身外之物。但是，我们不得不承认的一个事实是，有很多事情真的是用"身外之物"可以解决的。所以，拥有赚钱的能力，本身就是应对外界风险的一种能力。因为作为普通人来说，钱是一个人生存下去的最低筹码。

为何案例二中的贝贝在这段支离破碎的婚姻中不敢离婚？最大的原因就在于经济上的依赖。如果她离开丈夫，重返职场虽然不一定不行，但有谁敢说一定行呢？

而案例一中的小玉，之所以能够斩钉截铁地跟父母说"不"，之所以敢于选择一个经济实力一般而自己中意的丈夫，就是因为她的经济实力强，她可以在结婚之初保证他们的生活不会陷入困顿。所以，她敢，就是钱给女人带来的底气。

三、经济独立才有安全感

所谓的"安全感"简单来说，其实就是"我不怕"；而没有安全感，就是"我害怕"。

小玉敢于自己选择，敢于选择自己喜欢的男友，就是因为她知道，即便对方挣得不多，他们的生活也不会出现太大的问题。而贝贝则全然相反，她不敢离婚，就是因为她害怕，害怕自己没有能力，害怕生活过得更糟。所以，真正的安全感，就是有能力驾驭自己的人生。

四、正确理解经济独立

我们告诫女人要经济独立，并非要女人个个都爱财如命，掉进钱眼里，养成金钱至上的思维。而是通过生活中的事件看透经济在现实生活里的真实地位，理解到生存的本质问题。"经济基础决定上层建筑"，这句话一点不假。在这样一个新时代下，独立的生存能力显得尤为重要，尤其针对女性来说，经济独立不仅仅意味着物质上的富足，也代表着精神上的踏实和满足，更是让女人人格独立的保障。

案例 10　我要与命运抗争

　　点点从小生活在一个既贫困又不正常的家庭，父亲是间歇性精神病，母亲右手有残疾。但即便是这样的家庭，在她12岁那年也不复存在了，饱受折磨的母亲最终狠下心与父亲离婚，把年幼的点点扔给了父亲。

　　后来，又有媒婆给父亲介绍，但看见家里还有个孩子都没谈成。奶奶为此也开始怨恨点点，说她是个拖油瓶，耽误父亲再娶。父亲的精神病时常发作，奶奶就对点点非打即骂。年幼的点点感受不到一点家的温暖，只有无尽的恐惧和疼痛。

　　两年后，14岁的点点毅然离开了家，偷偷跑进城里，打算靠自己养活自己。但是她这么小，初中也没毕业，能做些什么呢？最后只好在一家发廊做了洗头工。发廊的客人繁杂，她经常会碰到一些故意刁难她的客人，甚至因为有一次洗头弄疼了顾客而被扇了两个耳光。发廊的老板也因为点点年幼，经常无故克扣她的工资，但点点为了能够填饱肚子只能默默忍受。因为她除了要让自己活着，还有一个的理想——攒钱，开一间属于自己的美甲店。

经过几年时间的积累，点点终于勉强租下了一间很小的店面。开始的时候，生意并不好，她也没赚到什么钱，舍不得再花钱，她就在店里放了一张折叠床，白天当椅子坐，晚上打开就能当床。好在凭着自己的努力和诚信，她的生意渐渐好转了，也和很多顾客成了朋友。

顾客和她聊天时，总是称赞她的手艺。她就会聊起自己的童年，她说："我不能栽在命运的手里，我必须十二分努力，才能从命运那里夺回一两分的成功。但是，我不服啊！"说完，她总是哈哈大笑，这笑声既包含着过去生活的辛酸，也是她对命运最有力的抗争。

五年后，点点有了两间店铺，还有了两个属于自己的员工，真真正正做起了老板。虽然规模不大，但那全部都是自己一点一点赚来的。

后来，点点遇到了现在的丈夫。丈夫也是穷苦人家的孩子，靠着自己的努力成为一名电焊工。虽然是体力劳动，但是小伙子技术高超，公司里最难的活总是需要他来解决。因此，他的薪水很不错。现在，两个人已经在城里站稳了脚跟，贷款买了房子。他们相信，凭借着自己的双手，一定可以让自己活得更好。

后来，点点回到家里，父亲还和以前一样，疯疯癫癫；奶奶也已经年迈，除了还能做做饭，其他几乎什么也做不动了。她出钱，帮助家里修缮了老旧的房屋，每个月定期给奶奶一些钱，希望他们能生活得好一点。奶奶时常惭愧地说:"那时候可真是苦了你了,这个家对不起你呀。可没想到,我们点点这么能干……"

每到这时,点点也还是嬉笑着和奶奶说:"要不然呢?我总不能躺在床上等着饿死吧。"唯一遗憾的是,点点虽然努力寻找母亲,但当她找到母亲后来的家时,才知道母亲已经去世好几年了,她觉得母亲生养自己一场,自己却没能给母亲花上一分钱,真是十分遗憾。

案例解读

一、逃离受伤的家庭

父母离异后,患有间歇性精神病的父亲让点点成为所有同学的笑话,奶奶的打骂让她有家也不想回。无助的她只能选择独自离开家乡,虽然只有14岁,但是她必须像大人一样找一份工作养活自己,虽然饱受欺辱,但活着,逃离那个没有一点温暖的家,是她小小年纪对命运的第一次抗争。

二、依靠自己改变命运

点点知道,在那样的家里她永远没有出头之日,可以想象得到,再过两年,奶奶和父亲会给她找个婆家,为的是要一些彩礼,然后把她随便嫁了。所以,她必须要靠自己改变命运。

可是,离开家的点点身无分文,既没有手艺又没有文凭,只能从最底层的工作做起。"不管多难,让自己先活下来。"这是小小的点点唯一的信念。但这不是她想要的全部，她需要让自己从一个贫穷弱小的孩子变成一个有能力的人，于是她努力工作、省吃俭用攒钱，终于有了自己的店面，并慢慢走上了正轨。

历经多年的磨难和打拼，点点从没有想要依靠任何人，她知道"靠山山会倒，靠水水会跑"的家乡谚语，决心靠自己来改写命运。从离开家时，她就没拿家里一分钱，全部都是自己一点一点赚，一分一分地攒。她说这样的钱用起来、花起来很踏实，有底气。

三、学会与世界和解

点点虽然在自己的原生家庭里没有得到温暖和呵护，但是她并没有对奶奶和父亲，以及母亲有半点怨恨。她努力改善曾给她无数羞愧和伤痛的父亲和奶奶的生活，努力寻找那个丢下她的母亲，她依旧希望她的家人都能生活得更好。

有人说"点点，你真了不起，你难道一点也不怨恨他们吗"？点点总是回答："小时候怨恨过。但是长大后才发现，他们也是没有办法啊。这个家已经够苦的了，如果我再怀着怨恨对他们，奶奶和父亲的一生就真的一点甜都尝不到了。那样的话，我的心里也会难过的……"

假如，点点始终都不原谅父亲和奶奶，始终抱着怨恨生活，那么她的一生都将陷入痛苦而无法自拔。其实，人生的下半场，就是要给自己的心灵做减法，婚姻也是，事业也是，该放下的就放下，只有这样，心灵才能变得澄澈，才能体会岁月静好。

参考文献

1. 陈一筠. 陈一筠婚恋辅导手册（上、中、下）[M]. 北京：中国妇女出版社，2006.

2. 赖芳，季辉. 大学生恋爱与婚姻[M]. 天津：天津大学出版社，2012.

3. 韦恩·玛格尔. 犹太人的智慧全集[M]. 北京：中国电影出版社，2005.

4. 高慎盈. 活到100岁[M]. 上海：复旦大学出版社，2003.

5. 古典. 拆掉思维里的墙[M]. 长春：北方妇女儿童出版社，2011.

6. 马天. 犹太人成功智慧[M]. 赤峰：内蒙古科学技术出版社，2007.

7. 彭爱平. 家庭教育读本（小学篇）[M]. 北京：中央民族大学出版社，2002.

8. 吴清忠. 人体使用手册[M]. 广州：花城出版社，2006.

9. 吴清忠. 人体复原工程[M]. 广州：花城出版社，2008.

10. 乔丽娜. 开放的婚姻[M]. 北京：中国文联出版公司，1998.

11. 曾丽华. 大学生婚恋心理指导[M]. 长春：吉林大学出版社，2018.

12. 马歇尔·卢森堡. 非暴力沟通[M] 梁欣琛，译. 南京：江苏人民出版社，2014.

13. 约翰·格雷. 男人来自火星，女人来自金星[M]. 黄钦，尧俊芳，译. 长春：吉林文史出版社，2010.